Quiches, Cakes & Tartes

Außen knusprig, innen saftig:
pikante Kuchen aus aller Welt

Text | Fotos
Christina Richon | **Klaus-Maria Einwanger**

Titelbild
Den auf dem Umschlag abgebildeten »Pesto-Cake mit kandierten Tomaten« finden Sie auf Seite 55.

Mit denen kommt der Teig in Form

1 | Oberflächen-Materialien

Backformen aus Weiß- und Schwarzblech sind schön preiswert. Schwarze Formen leiten die Hitze besonders gut. Für den Gasherd sind Weißblechformen allerdings besser. Aus Backformen mit Antihaftversiegelung lösen sich die Kuchen besonders gut. Sie sind außerdem gut wärmeleitend. Auch Blechformen, die innen und außen emailliert und antihaftbeschichtet sind, leiten die Wäme gut und erzielen sehr gute Backergebnisse. Formen aus Porzellan, Keramik und Glas leiten die Hitze etwas langsamer weiter, deshalb verlängert sich die Backzeit um ca. 10 Min. Die Formen vertragen keine großen Temperaturschwankungen, sie also nach dem Backen nicht auf eine kalte Unterlage stellen. Silikonformen sind platzsparend zu verstauen. Sie erzielen gute Backergebnisse, werden nicht gefetten und, trotzdem löst sich der Kuchen leicht heraus.

2 | Tarte- oder Obstkuchenformen

Die runden Tarteformen mit ihrem niedrigen Rand eignen sich für große flache Kuchen. Mit einer Form von 30 cm Ø kommen Sie für die meisten Rezepte gut aus. Obstkuchenformen sind ebenfalls niedrig, man bekommt sie mit 26 bis 30 cm Ø. Ihr Rand ist gewellt. Beide Arten von Backformen gibt es auch mit herausnehmbarem Boden. Außerdem werden kleine Formen mit 10 oder 12 cm Ø angeboten, sogenannte Tarteletteförmchen.

3 | Springformen

Sie werden mit 18–32 cm Ø angeboten und haben einen separat aufsetzbaren, glatten, hohen Rand. Springformen sind damit für die meist relativ hohen Quiches gut geeignet. Durch den seitlichen Verschluss des Randrings kann man den Kuchen gut aus der Form lösen.

4 | Pieformen

Pieformen sind meist aus Keramik, Porzellan oder Glas, mit gewelltem oder glattem Rand. Bei diesen dickwandigen Formen verlängert sich die Backzeit um ca. 10 Min. Dafür kann der Kuchen direkt in der dekorativen Form zu Tisch gebracht werden.

5 | Kasten- oder Cakeform

Es gibt sie in Längen von 20–30 cm. Sie werden meist für Rührkuchen verwendet und damit auch für pikante Cakes.

6 | Backblech

Für größere Mengen an pikanten Kuchen ist ein großes Backblech genau richtig, dafür die Rezepte für Formen von ca. 28 cm Ø einfach verdoppeln.

7 | Muffinsblech

Diese kleinen Backformen sind ideal für Mini-Ausgaben herzhafter Kuchen. Doch Achtung: Die Backzeit verkürzt sich dabei. Für die Minikuchen in diesem Buch bestens geeignet: ein Blech mit 12 Mulden.

Backen Schritt für Schritt

1 | Nützliche Helfer

Unverzichtbar ist eine Küchenwaage, mit der die Teigzutaten genau abgewogen werden. Nützlich ist ein Mehlsieb oder ein großes feines Sieb. Der Teig wird lockerer, wenn Sie das Mehl vor der Zubereitung durchsieben. In Frischhaltefolie kann man den Teig zum Ruhen einpacken, empfindliche, brüchige Teige können zwischen zwei Lagen Folie leichter ausgerollt werden. Zum Kneten und Ausrollen des Teigs ist eine saubere Arbeitsfläche oder ein Backbrett ideal. Falls Sie kein Rollholz haben: Man kann den Teig auch mit einer leeren geradwandigen Glasflasche ausrollen. Backpapier kleidet die Backform perfekt aus und schützt die Oberfläche der Kuchen davor, zu dunkel zu werden. Und mit einem breiten Backpinsel werden nicht nur Formen gefettet. Er ist auch hilfreich, um Brik- oder Filoblätter mit zerlassener Butter einzustreichen.

2 | Backformen vorbereiten

Die flachen großen Tarte- oder Pieformen legt man einfach mit einem Bogen Backpapier aus. Bei einer Springform wird das Papier reichlich überlappend auf den Formboden gelegt, mit dem aufgesetzten Rand eingeklemmt und dann ringsum abgeschnitten. Und damit am Rand nichts kleben bleibt, diesen fetten und mit Semmelbröseln bestreuen. Enge Formen wie Kastenformen oder die Mulden des Muffinsblechs müssen gut gefettet und mit Mehl ausgestreut werden oder alternativ mit Backpapier bzw. Muffins-Papierförmchen ausgelegt werden.

3 | Teig ausrollen

Teige, die ausgerollt werden sollen, müssen vorher gekühlt werden. Dies geht am besten in einer verschließbaren Plastikschüssel. Sie können den Teig aber auch zur Kugel formen und in Frischhaltefolie einwickeln. Beim Ausrollen nicht zu viel Mehl benutzen, sonst wird der Teig zu trocken und brüchig. Mürbeteig rollen Sie am besten zwischen Frischhaltefolie aus (siehe auch S. 12).

4 | Teigrand für Quiches formen

Möglichkeit 1: Zwei Drittel des Teiges als Boden ausrollen und in die Form legen. Den übrigen Teig zum Streifen ausrollen, diesen mit den Handflächen rund rollen. Die Teigrolle rundum an den Rand des Teigbodens legen und andrücken. Möglichkeit 2: Mit den Fingern arbeiten: Den Teig zur Kugel formen, diese etwas flach drücken, dann in die Form legen und von der Mitte her arbeitend den Teig bis zum Rand drücken; so viel, dass sich noch einige Zentimeter am Formrand hochziehen lassen.

5 | Nach dem Backen

Kuchen in der Form 10 Min. auskühlen lassen. Dann mit einem nicht zu spitzen Messer am Rand entlangfahren. Von der Springform den Rand lösen und den Kuchen mit einer großen Palette abnehmen. Kastenkuchen vorsichtig stürzen, das Backpapier langsam abziehen, den Kuchen auf einem Gitter ganz auskühlen lassen.

»Allround«-Tarteteig

passt für alle Rezepte

Für 1 Backform (Ø 28–30 cm) **200 g Mehl**
und 1/2 TL Salz in einer Schüssel vermengen.
75 g kalte Butterwürfeln. Die Butterwürfel mit
den Fingerspitzen unterarbeiten, sodass eine
krümelige Masse entsteht. Nach und nach ca.
5 EL kaltes Wasser mit einem Teigspatel unterarbeiten, ohne den Teig zu sehr durchzu-
kneten. Teig zu einer Kugel formen und abgedeckt im Kühlschrank 30 Min. ruhen lassen.

Blitz-Tarteteig

muss nicht gekühlt werden

Für 1 Backform (Ø 28–30 cm) **240 g Mehl,
1 TL Backpulver** und je **1 Prise Salz und
Zucker** in eine gut verschließbare Plastikschüssel geben. **80 ml neutrales Pflanzenöl**
(z. B. Erdnuss- oder Traubenkernöl) und
80 ml heißes Wasser darübergeben. Die
Schüssel mit dem Deckel verschließen und
gut durchschütteln. Die Schüssel öffnen und
den Teig mit den Händen kurz durchkneten.
Sofort auf wenig Mehl ausrollen und weiter-
verarbeiten.

Clever variieren

Für mediterrane Tartes & Co. wie etwa den Artischockenkuchen von S. 97 können Sie den Teig
auch mal mit **Olivenöl** zubereiten.

Klassischer Mürbeteig

Er liebt es kalt!

Für 1 Backform (Ø 28–30 cm) **250 g Mehl,
125 g kalte Butter, je 1 Prise Salz und Zucker**
und ca. 4 EL kaltes Wasser erst mit den Knethaken des elektrischen Handrührgeräts, dann
mit den Händen zu einem glatten Teig verkneten. Den Teig zu einer Kugel formen und
abgedeckt mindestens 30 Min. kalt stellen.

Clever zubereiten
Mürbeteig verlangt nach **kalten Temperaturen.** Des-
halb müssen Butter und Wasser richtig kalt sein.
Und auch die Hände: Waschen Sie diese mit kaltem
Wasser, bevor Sie den Teig mit den Händen kneten.

Gehackter Mürbeteig

lässt sich gut aufpeppen

Für 1 Backform (Ø 26–30 cm) **100 g Butter**
15 Min. ins Gefrierfach stellen. **200 g Mehl**
sowie die **Aromazutaten (s. Tipp)** auf die
Arbeitsfläche häufen. Die eiskalte Butter auf
der Küchenreibe grob darüberraspeln. Alles
mit einem großen Küchenmesser feinkrüme-
lig durchhacken. **1 EL Weißweinessig** und ca.
4 EL kaltes Wasser dazugeben und alles von
Hand rasch zum Teig verkneten. Diesen zur
Kugel geformt abgedeckt 30 Min. kalt stellen.

Clever variieren
Als Aromazutaten eignen sich: **50 g geriebener Par-
mesan oder Sbrinz** oder **50 g gewürfelte getrocknete
Tomaten** (in Öl) oder **2 EL gehackte gemischte frische
Kräuter** (z. B. Schnittlauch, Petersilie und Basilikum)
oder 2 TL getrocknete **Kräuter der Provence.**

Hefeteig

äußerst vielseitig zu verwenden

Für 1 Backform (Ø 28–30 cm) **200 g Mehl**
in eine Schüssel sieben und in die Mitte eine
Mulde drücken. **1/4 Würfel frische Hefe**
(ca. 10 g) in die Mulde bröckeln, die Hefe mit
1 Prise Zucker und 50 ml lauwarmem Wasser
verrühren. Diesen Vorteig zugedeckt an einem
warmen Ort 20 Min. gehen lassen. Nach
der Ruhezeit den Vorteig mit **2 EL Olivenöl**,
2 Prisen Salz und 50 ml lauwarmem Wasser
verkneten. Den Hefeteig vor dem Weiterver-
arbeiten zugedeckt an einem warmen Ort
ca. 60 Min. gehen lassen.

Quark-Öl-Teig

schnelle Hefeteig-Alternative

Für 1 Backform (Ø 28–30 cm) **125 g Magerquark** in einem Sieb gut abtropfen lassen.
Den abgetropften Quark mit **2 EL Milch**,
4 EL Öl und **1 Ei** verrühren. **250 g Mehl** mit
2 TL Backpulver und **1/2 TL Salz** vermischen.
Die Hälfte der Mehlmischung in die Quarkmasse rühren, das restliche Mehl unterkneten.

Clever zubereiten

Den Quark-Öl-Teig können Sie **gut vorbereiten:**
Den Teig wie oben beschrieben mischen, kneten
und in den Kühlschrank stellen – dort wartet er
gerne einige Stunden auf seinen Einsatz.

Flammkuchenteig

unkompliziert und schön knusprig

Für 2 Teigfladen (Ø ca. 32 cm) **250 g Mehl**
mit 125 ml Wasser, **1 EL Öl** und **1 Prise Salz**
schnell verkneten. Den Teig 10 Min. ruhen
lassen. Dann aus dem Teig 2 Kugeln formen
und diese zugedeckt 45 Min. ruhen lassen.
Anschließend auf wenig Mehl dünn ausrollen.

Clever zubereiten

Für einen **klassischen Flammkuchen** die beiden
Teigfladen mit 100 g Crème double bestreichen und
mit feinen Zwiebelscheiben (von 2 Zwiebeln) sowie
100 g fein gewürfeltem Schinkenspeck belegen. Mit
wenig Salz und Pfeffer würzen und den Kuchen im
auf 250° vorgeheizten Backofen 5–7 Min. backen.

Einfacher Caketeig

mit Zwiebeln und Speck

Für 1 Kastenform (ca. 25 cm lang) **3 Eier**
mit **80 ml neutralem Öl** schaumig rühren.
**170 g Mehl, 1 Päckchen Backpulver, 2 Prisen
Zucker** und **125 ml Milch** untermengen.
100 g grob geriebenen Gruyère oder **Emmentaler** unterrühren. Ofen auf 180° vorheizen.
3 Zwiebeln schälen und klein würfeln. **150 g
gewürfelten durchwachsenen Speck** in einer
Pfanne erhitzen. Die Zwiebeln ca. 5 Min. mitbraten. Die Mischung abkühlen lassen und
unter den Teig mengen. Mit wenig **Salz, Pfeffer** und **etwas Muskat** abschmecken. Teig in
die mit Backpapier ausgelegte Form streichen.
Im Ofen (Mitte, Umluft 160°) ca. 40 Min. backen. Stäbchenprobe! Kuchen herausnehmen,
10 Min. abkühlen lassen, aus der Form lösen
und auf einem Kuchengitter auskühlen lassen.

Gewusst wie – vom Teig zum Kuchen

1 | Blindbacken

Teigböden (außer Hefeteig) können Sie vor dem Belegen blindbacken, damit sie knuspriger werden und nicht so schnell durchweichen. Den Teig ausrollen, in die mit Backpapier ausgelegte Form geben und dabei einen Rand formen. Den Teig mehrmals mit einer Gabel einstechen, damit er sich nicht wölbt. Dann einen Bogen Backpapier auf den Teig legen und mit ca. 1 kg getrockneten Hülsenfrüchten beschweren. Den Teig im heißen Backofen ca. 10–15 Min. vorbacken. Die Hülsenfrüchte und das Papier entfernen. Den Teigboden wie im Rezept beschrieben belegen und fertig backen.

2 | Die Teigmenge

Die in den Rezepten angegebenen Teigmengen sind – auch wenn die Mehlmengen gering erscheinen mögen – für die genannten Backformen ausreichend, da der Teig meist sehr dünn ausgerollt wird. Eventuelle Teigreste können für Verzierungen oder zum Auskleiden einer Tartelette-form verwendet werden. Für größere Kuchen- und damit Teigmengen ist ein Backblech ideal, dafür die Rezepte einfach verdoppeln. Möchten Sie kleine Kuchen backen (z. B. mit 18 cm Ø) einfach die Menge für eine 28er- bzw. 30er-Form halbieren oder zwei kleine Formen füllen.

3 | Teige und Kuchen vorbereiten

Zubereitete (noch nicht ausgerollte) Teige können gut eingepackt in Frischhaltefolie oder in einer Plastikschüssel ein bis max. zwei Tage im Kühlschrank aufbewahrt werden. Außerdem lassen sie sich sehr gut einfrieren. Damit sparen Sie am Tag der Zubereitung des Kuchens eine Menge Zeit. Und auch fertig zubereitete, aber noch nicht gebackene Kuchen kann man – mit oder ohne Kuchenform –, in Folie eingeschlagen, einfrieren. Haltbarkeit: 1–2 Monate.

4 | Mürbeteig in die Form bringen

Der leicht brüchige Mürbeteig lässt sich gut zwischen zwei Lagen Frischhaltefolie ausrollen, diese Folie kann dann auch gut als Hilfsmittel verwendet werden, um die Teigplatte in die Form zu bringen: Einfach die obere Folienlage entfernen, den Teig mithilfe der unteren Folie anheben und umdrehen – der Teig haftet an der Folie. Den Teig in die Form legen und die Folie abziehen.

5 | Garprobe

Kurz vor Ende der Backzeit empfiehlt es sich, zu prüfen, ob der Kuchen gar ist: mit der Stäbchenprobe. Dazu ein Holzstäbchen in die Mitte des Kuchens stecken und wieder herausziehen. Klebt nichts am Stäbchen, ist der Kuchen fertig.

6 | Teigboden nicht knusprig?

Ist der Teigboden der Quiche oder Tarte nach der angegebenen Backzeit noch feucht oder an der Unterseite blass, den Kuchen auf der untersten Schiene ca. 10 Min. mit Unterhitze knusprig backen.

Papaya-Salsa

Für 6 Portionen **1 reife Papaya** schälen und halbieren, die Kerne mit einem Löffel entfernen und das Fruchtfleisch in kleine Würfel schneiden. **1 kleine Schalotte** und **1 kleine Knoblauchzehe** fein hacken. Mit **1 EL gehackten Korianderblättchen, 2–3 EL Limettensaft**, etwas **abgeriebener Schale von einer Bio-Limette, 1 geh. TL braunem Zucker, 1 TL scharfem Senf** und **5 EL neutralem Öl** vermischen. Mit **Salz, schwarzem Pfeffer** aus der Mühle und etwas **Tabasco** abschmecken.

Clever würzen

Für alle, die es besonders feurig mögen: einfach 1 klein gehackte **frische rote Chilischote** unter die Salsa rühren.

Avocado-Dip

Für 6 Portionen **2 vollreife Avocados** längs halbieren und jeweils den Kern entfernen. Das Avocadofruchtfleisch mit einem Teelöffel aus den Schalenhälften lösen, in den elektrischen Standmixer geben und sofort mit **2 EL Zitronensaft** beträufeln. **1 Knoblauchzehe schälen** und klein würfeln. **1 frische kleine rote Chilischote** waschen, putzen, längs aufschlitzen und entkernen. Die Chili grob zerschneiden. Knoblauch und Chili mit **8 EL Naturjoghurt** in den Mixer geben und alles fein pürieren. Mit **Salz** und **schwarzem Pfeffer** aus der Mühle würzen.

Pistazien-Limetten-Pesto

mit fein-säuerlicher Note

Für 6 Portionen **3 EL gesalzene Pistazienkerne** bei kleiner Hitze in einer beschichteten Pfanne ohne Fett rösten. Vom Herd nehmen und auskühlen lassen. **1 Bund glatte Petersilie** waschen und trocken schütteln, die Blättchen abzupfen und grob schneiden. **1 Knoblauchzehe** schälen, klein würfeln und mit den Pistazien und der Petersilie im elektrischen Standmixer pürieren. Mit etwas abgeriebener Schale und **1–2 EL Saft von 1 Bio-Limette**, **5 EL Olivenöl** und wenig **Salz** vermischen.

Zwiebel-Konfitüre mit Cassis

süßsauer mit Schwips

Für 6 Portionen **80 g helle Rosinen** 30 Min. in heißem Wasser einweichen. **500 g Zwiebeln** schälen und in feine Streifen schneiden. **3 EL Olivenöl** erhitzen, die Zwiebeln darin in ca. 10 Min. glasig braten, ohne dass sie Farbe annehmen. **3 EL braunen Zucker** darüberstreuen und leicht karamellisieren lassen. Mit **150 ml Rotwein, 2 EL Aceto balsamico** und **1–2 EL Crème de Cassis** (franz. Johannisbeerlikör) ablöschen. Ca. 25 Min. bei kleiner Hitze sanft kochen lassen. Die Rosinen abtropfen lassen und dazugeben. Mit **1/2 TL Salz, schwarzem Pfeffer** aus der Mühle und **etwas Zitronensaft** abschmecken. Hält sich in einem verschlossenen Glas 1–2 Wochen im Kühlschrank.

15

Blattsalat mit Melone

sommerlich fruchtig

Für 6 Portionen **200 g Blattsalate** putzen, waschen und trocken schleudern. **1 Charantais-Melone** halbieren und die Kerne herauskratzen. Das Fruchtfleisch aus den Schalen lösen und in Würfel schneiden. **1/2 Salatgurke** schälen und längs halbieren. Die Kerne mit einem Teelöffel herauskratzen und die Gurke in Halbmonde schneiden. Blattsalate, Melone und Gurke in einer Schüssel mischen. Für das Dressing **5 EL Traubenkernöl** mit **3 EL Portwein, 2 TL Zitronensaft, 1 TL mittelscharfem Senf, 1 TL Dillspitzen, Salz, Pfeffer** und **1 Prise Zucker** verrühren. Mit dem Salat servieren.

Marokkanischer Salat

orientalisch-minzefrisch

Für 6 Portionen **4 Tomaten, 1 kleinen Zucchino** sowie **1 gelbe Paprikaschote** waschen, putzen und klein würfeln. **1 kleine Gemüsezwiebel** schälen und ebenfalls klein würfeln. Das vorbereitete Gemüse in einer Schüssel mit **EL klein geschnittener glatter Petersilie** und **1 TL fein geschnittener frischer Minze** mischen. Für das Dressing **4 EL Olivenöl, 2 EL Sherryessig, 1/2 TL Harissa-Paste** (scharfe Chilipaste, aus dem Orientladen), **abgeriebene Schale von 1/2 Bio-Zitrone, Salz** und **Pfeffer** aus der Mühle verrühren und mit den übrigen Zutaten mischen.

Avocado-Shrimps-Salat

mit Ingwer-würzigem Dressing

Für 6 Portionen **200 g gemischte Blattsalate** putzen, waschen und trocken schleudern. **100 g gegarte Shrimps** (TK oder in Salzlake eingelegt) kalt abspülen und abtropfen lassen. **100 g Champignons** mit feuchtem Küchenpapier abreiben und in feine Scheiben schneiden. **1 Avocado** längs halbieren und den Kern entfernen. Das Fruchtfleisch aus den Schalen lösen und würfeln. Blattsalate, Shrimps, Champignons und Avocado in einer Schüssel mit etwas **Zitronensaft** mischen. Für das Dressing **1 Stück frischen Ingwer** (ca. 2 cm) schälen und fein reiben. Mit **4 EL Öl, 2 EL Essig, Salz, Pfeffer** aus der Mühle und **2 Prisen Zucker** verrühren. Das Dressing unter den Salat mischen, diesen sofort servieren.

Bunter Blattsalat

geliebter Klassiker

Für 6 Portionen **200 g gemischte Blattsalate** (z. B. Feld-, Eichblattsalat, Rucola, Radicchio; ersatzweise 1 Kopf grüner Salat) putzen, waschen und trocken schleudern. **2 Tomaten** waschen und in Spalten schneiden, dabei die Stielansätze entfernen. **1 große Möhre** putzen, schälen und fein raspeln. **1/2 Salatgurke** schälen und in Scheiben schneiden. Mit den Tomaten und Blattsalaten in einer Schüssel mischen. Für das Dressing **4 EL Öl, 3 EL Rotweinessig** und **1 TL mittelscharfen Senf** mit **Kräutersalz, Pfeffer** aus der Mühle und **1 Prise Zucker** verrühren. **2 EL Schnittlauchröllchen** und **1 EL klein geschnittene glatte Petersilie** unterrühren. Dressing unter den Salat heben und diesen sofort servieren.

Quiches

Ob als Vorspeisen-Miniatur oder in Gäste-Größe – Quiches bestechen durch zweierlei: einen hohen Knusper-Knabber-Rand sowie einen üppig-vielfältigen Belag. Und: Die aus Frankreich stammenden Kuchen gehen gerne auf Reisen. Zum Beispiel nach Spanien:

Für 6 flache Förmchen (Ø 12 cm)

150 g Chorizo
   (spanische Paprikawurst)
100 g Manchego
4 Eier (Größe M)
150 g Crème fraîche
90 g Weizenmehl
500 ml Milch
1 Knoblauchzehe
Salz | Pfeffer

Kleine Chorizo-Quiches

saftig-deftige Minis
Zubereitung: ca. 15 Min. | Backen: ca. 30 Min. | Pro Stück: ca. 430 kcal

1 Die Förmchen mit Backpapier auslegen. Den Backofen auf 180° vorheizen. Die Chorizo klein würfeln, in einer beschichteten Pfanne kurz anbraten und zur Seite stellen. Den Manchego reiben.

2 In einer Rührschüssel die Eier mit der Crème fraîche schaumig schlagen. Das Mehl dazusieben und unterarbeiten. Milch, Käse und Chorizo zugeben. Den Knoblauch schälen und dazupressen. Alles mit Salz und Pfeffer abschmecken.

3 Den Teig auf die vorbereiteten Förmchen verteilen und die Quiches im heißen Ofen (Mitte, Umluft 160°) in ca. 30 Min. goldgelb backen. Dazu passt ein Paprikasalat mit Zwiebel-ringen und Oliven.

Mini-
Paprika-Quiches

spanisch inspiriert | *Zubereitung: ca. 40 Min.* | *Ruhen: 30 Min.* | *Backen: ca. 35 Min.* | *Pro Stück: ca. 155 kcal*

**Für 1 Muffinsblech
mit 12 Mulden**

Für den Teig:

100 g kalte Butter
  + Butter für das Blech
3 EL Mandelblättchen
200 g Weizenmehl
  + Mehl für die Arbeitsfläche
knapp 1 TL Salz
Zucker
1 Döschen/Briefchen
  Safranpulver (0,1 g)

Für den Belag:

2 rote Paprikaschoten
250 g saure Sahne
2 Eigelbe (von Eiern Größe M)
1 Knoblauchzehe
1/2 TL mildes Paprikapulver
1/4 TL scharfes Paprikapulver
1 EL Paprikamark (aus der Tube)
Salz | Pfeffer
12 Minzeblättchen

1 Die Mulden des Muffinsblechs mit Butter ausstreichen und mit Mandelblättchen ausstreuen. Den Ofen auf 200° vorheizen. Für den Teig das Mehl in eine Schüssel sieben. Das Salz, 1 Prise Zucker und das Safranpulver dazugeben. Die kalte Butter in kleine Stücke schneiden, ebenfalls dazugeben und alles zu einer krümeligen Masse verarbeiten. Ca. 80 ml kaltes Wasser unterkneten, sodass ein glatter Teig entsteht.

2 Den Teig in 12 gleich große Stücke teilen und jedes mithilfe von wenig Mehl etwas größer als die Muffinsmulde ausrollen. Die Mulden des Blechs mit dem Teig auskleiden, d. h. auch einen Rand hochziehen. Den Teig 30 Min. kühl stellen.

3 Für den Belag die Paprikaschoten mit dem Sparschäler dünn schälen, längs halbieren, entkernen und fein würfeln. Sahne und Eigelbe verrühren. Die Knoblauchzehe schälen, fein würfeln und zusammen mit Paprikapulver, -mark und -würfeln mit der Sahne-Ei-Masse mischen. Mit Salz und Pfeffer abschmecken.

4 Die Minzeblättchen kalt abspülen und trocken tupfen. Die Paprikamasse in die Mulden des Blechs füllen, jeweils 1 Minzeblättchen auflegen und die Mini-Quiches im heißen Ofen (unten, Umluft 180°) ca. 35 Min. backen.

Clever variieren

Für eine **Champignonfüllung 400 g Champignons** mit einem feuchten Küchenpapier abreiben und in Scheiben schneiden. **1/2 Bund Schnittlauch, 2 Zweige Petersilie** und **1 kleinen Zweig Estragon** waschen und trocken schütteln. Schnittlauch in Röllchen, Petersilien- und Estragonblätter klein schneiden. Die Pilze und Kräuter mit **200 g saurer Sahne, 2 Eigelben** und etwas **abgeriebener Schale** von 1 Bio-Zitrone mischen. Mit **Salz, Pfeffer** sowie etwas **Curry- und Chilipulver** würzen.

Quiche Lorraine

der Klassiker aus Lothringen

Zubereitung: ca. 25 Min. | Ruhen: 30 Min. | Backen: ca. 50 Min. | Bei 6 Stücken pro Stück: ca. 675 kcal

Für 1 Spring- oder Quicheform (Ø 28 cm)

Für den Teig:

250 g Weizenmehl + Mehl für die Arbeitsfläche
Salz | Zucker | 125 g Butter

Für die Füllung:

100 g durchwachsener Speck
1 EL Olivenöl
80 g französischer Hartkäse (z. B. Comté)
250 g Sahne
250 ml Milch
2 Eier (Größe M)
2 Eigelbe (von Eiern Größe M)
Salz | Pfeffer
Cayennepfeffer
frisch geriebene Muskatnuss

1 Für den Teig das Mehl in eine Rührschüssel geben. Je 1 Prise Salz und Zucker, die Butter in kleinen Stücken und 4 EL kaltes Wasser zufügen und alles zuerst mit den Knethaken des Handrührgeräts, dann mit den Händen zu einem glatten Teig verkneten. Den Teig zu einer Kugel formen und abgedeckt mindestens 30 Min. kalt stellen.

2 Inzwischen den Speck klein würfeln. Das Olivenöl in einer kleinen beschichteten Pfanne erhitzen und den Speck darin bei kleiner Hitze ausbraten. Den Käse reiben. Die Form vorbereiten (s. Seite 7).

3 Den Teig auf wenig Mehl dünn ausrollen. Die Springform damit auskleiden, dabei einen 3 cm hohen Rand formen. Den Teigboden mit einer Gabel mehrmals einstechen. Den Backofen auf 225° vorheizen.

4 Den Teigboden mit den gebratenen Speckwürfeln und dem geriebenen Käse bestreuen. Sahne, Milch, Eier und Eigelbe verquirlen und mit Salz, Pfeffer, Cayennepfeffer und Muskat würzen. Die Eiermilch in die Form gießen.

5 Die Quiche im heißen Ofen (Mitte, Umluft 200°) 40–50 Min. backen. Wenn die Oberfläche droht, zu dunkel zu werden, die Quiche mit einem Bogen Backpapier abdecken.

Clever vorbereiten

Sie können die Quiche auch schon **am Vortag** backen. Am nächsten Tag dann einfach den Backofen auf 150° vorheizen und die Quiche darin in ca. 20 Min. aufwärmen.

Quiche Lorraine ohne Boden

Für 1 Auflaufform (Ø 24–26 cm) | Die Auflaufform fetten und mehlen. **200 g rohen Speck** in kleine Würfel schneiden, in einer beschichteten Pfanne ohne Fett anbraten und in die Form geben. Den Backofen auf 200° vorheizen. **500 ml Milch** und **3 Eier** schaumig mixen. **100 g Mehl** dazusieben, **100 g geriebenen Käse** (nach Wahl) darunterrühren. Die Masse mit **Salz, Pfeffer** und **geriebener Muskatnuss** abschmecken und auf die Speckwürfel geben. Die Quiche Lorraine im heißen Ofen (Mitte, Umluft 180°) ca. 25 Min. backen.

Trauben-Ricotta-Quiche

fruchtig | *Zubereitung: ca. 30 Min.* | *Backen: ca. 30 Min.* | *Bei 4 Stücken pro Stück: ca. 645 kcal*

**Für 1 Spring- oder Quiche-
form (Ø 26–28 cm)**

3 Eier (Größe M), getrennt
150 g Ricotta | Zucker
200 g Gruyère, gerieben
1 Knoblauchzehe
gemahlene Muskatblüte (Macis)
Salz | Pfeffer
200 g grüne und blaue
   Weintrauben
230 g Blätterteig
   (aus dem Kühlregal; oder
   aufgetauter TK-Blätterteig)
2 EL Mandelsplitter
1 TL alter Aceto balsamico

Außerdem:

Mehl für die Arbeitsfläche

1 Eigelbe und Ricotta verrühren, Eiweiße mit 1 Prise Zucker steif schlagen und mit dem geriebenen Käse unter die Eigelbmasse heben. Den Knoblauch schälen und dazupressen. Mit 1 Prise Muskatblüte, wenig Salz und Pfeffer würzen.

2 Ofen auf 225° vorheizen. Die Form vorbereiten (s. Seite 7). Die Trauben waschen, abtrocknen, halbieren und entkernen. Den Blätterteig auf wenig Mehl ausrollen, in die Form legen. Die Käsecreme einfüllen, mit den Trauben belegen.

3 Das Ganze mit Mandelsplittern bestreuen und im heißen Ofen (Mitte, Umluft 200°) ca. 10 Min. backen. Dann die Temperatur auf 200° (Umluft 180°) herunterschalten und die Quiche noch ca. 20 Min. backen. Die noch heiße Quiche mit Aceto balsamico beträufeln und servieren.

Clever servieren
Servieren Sie die Quiche mit einem Blattsalat als **Vorspeise** oder als **Aperitif-Häppchen** zu einem Glas Cidre oder Prosecco.

Quiche provençale

mediterran »parfümiert« | *Zubereitung: ca. 20 Min.* | *Backen: ca. 25 Min.* | *Bei 4 Stücken pro Stück: ca. 400 kcal*

Für 1 Spring- oder Quiche-form (Ø 30 cm)

230 g Blätterteig
(aus dem Kühlregal; oder
aufgetauter TK-Blätterteig)
50 g getrocknete Tomaten
(in Öl)
1 Knoblauchzehe
1 Zweig frischer Rosmarin
80 g Quark (40 % Fett)
80 g Sahne
Salz | Pfeffer
1 Gemüsezwiebel
50 g schwarze Oliven
ohne Stein

Außerdem:

Mehl für die Arbeitsfläche

1 Die Form vorbereiten (s. Seite 7). Den Blätterteig auf wenig Mehl ausrollen und die Form damit auskleiden. Den Teig mit einer Gabel mehrmals einstechen. Die Tomaten abtropfen lassen. Den Backofen auf 200° vorheizen.

2 Den Knoblauch schälen und klein würfeln. Den Rosmarin waschen und trocken schütteln, die Nadel abzupfen und klein schneiden. Quark, Sahne, Knoblauch und Rosmarin verrühren, mit Salz und Pfeffer abschmecken und auf den Blätterteigboden streichen.

3 Die Zwiebel schälen und mit den Tomaten in feine Streifen schneiden. Beides mit Oliven auf die Quiche geben, diese im heißen Ofen (unten, Umluft 180°) ca. 25 Min. backen. Warm servieren. Dazu passt gekühlter Roséwein aus der Provence.

Clever variieren

Sie können die Quiche provençale statt mit Blätterteig auch mit dem **Blitz-Tarteteig** mit Olivenöl von Seite 8 zubereiten.

Frühlingszwiebel-
Quiche

mit indischen Aromen | *Zubereitung: ca. 35 Min.* | *Backen: ca. 45 Min.* | *Bei 6 Stücken pro Stück: 550 kcal*

Für 1 Spring- oder Quiche-form (Ø 26–28 cm)

1 Rezept Tarteteig
   nach Wahl (s. Seite 8)

Für den Belag:

500 g Frühlingszwiebeln
1 Knoblauchzehe
1 Stück frischer Ingwer
   (ca. 2 cm)
2 EL Butterschmalz
1 TL Garam Masala (indische
   Gewürzmischung)
1/2 TL gemahlener Kreuz-
   kümmel
1/2 TL gemahlener Koriander
1/2 TL gemahlene Kurkuma
1 TL Zucker | Salz

Für den Guss:

2 Eier (Größe M)
2 Eigelbe (von Eiern Größe M)
250 g Sahne
100 g Naturjoghurt
Salz

Außerdem:

Mehl für die Arbeitsfläche
Hülsenfrüchte zum Blindbacken

1 Den Tarteteig wie auf Seite 8 beschrieben zubereiten und evtl. ruhen lassen. Für den Belag die Frühlingszwiebeln waschen, putzen und in feine Ringe schneiden. Den Knoblauch schälen und klein würfeln. Ingwer mit dem Sparschäler schälen und fein reiben.

2 Das Butterschmalz in einer Pfanne zerlassen. Die vier gemahlenen Gewürze darin heiß werden lassen, bis sie anfangen zu duften. (Vorsicht: Sie dürfen nicht verbrennen.) Frühlingszwiebeln, Knoblauch und Ingwer dazugeben und mitbraten. Den Zucker dazugeben und alles zugedeckt ca. 8 Min. bei kleiner Hitze dünsten. Ab und zu umrühren. Dann offen alles noch ca. 7 Min. sanft kochen lassen. Mit Salz abschmecken.

3 Den Backofen auf 200° vorheizen. Die Form vorbereiten (s. Seite 7). Den Teig auf wenig Mehl dünn ausrollen und die Form damit auskleiden, dabei einen 3 cm hohen Rand bilden. Den Teig mit Backpapier bedecken, darauf die Hülsenfrüchte geben. Teig im heißen Backofen (Mitte, Umluft 180°) ca. 10 Min. blindbacken. Herausnehmen, Backpapier und Hülsenfrüchte entfernen. Den Backofen auf 190° (Umluft 170°) schalten.

4 Die Frühlingszwiebelmasse auf dem Teigboden verteilen. Für den Guss die Eier, die Eigelbe, die Sahne und den Joghurt verquirlen und mit Salz abschmecken. Über die Frühlingszwiebeln gießen. Die Quiche im heißen Ofen (Mitte) 30–35 Min. backen.

Spargel-Quiche

Endlich Frühling!

Zubereitung: ca. 40 Min. | Ruhen: 30 Min. | Backen: ca. 50 Min. | Bei 4 Stücken pro Stück: ca. 690 kcal

Für 1 Spring- oder Quiche-form (Ø 26 cm)

Für den Teig:

200 g Weizenmehl
  + Mehl für die Arbeitsfläche
100 g Butter
1 TL Salz
70 ml Orangensaft
  (am besten frisch gepresst)

Für die Füllung:

300 g Spargel (am besten
  grün und weiß gemischt)
Salz | Zucker
1 TL Butter
1 Bio-Orange
3 Eier (Größe M)
200 g Crème fraîche
50 g Parmesan, frisch gerieben
1−2 EL Zitronensaft
1 kleine Knoblauchzehe
frisch geriebene Muskatnuss

1 Für den Teig das Mehl, die Butter in kleinen Stücken, das Salz und den Orangensaft mit den Händen zu einem glatten Teig verkneten. Teig zugedeckt 30 Min. kalt stellen.

2 Die weißen Spargelstangen mit dem Sparschäler schälen, die holzigen Enden abschneiden. Den grünen Spargel nur im unteren Drittel schälen (**Bild 1**), die holzigen Enden ebenfalls entfernen. (Die Endstücke anderweitig verwenden, z. B. für eine Spargelsuppe.) Die Spargelstangen von den Spitzen her jeweils in ca. 8 cm lange Stücke schneiden.

3 In einem Topf reichlich Wasser aufkochen. Salz, 1 Prise Zucker und die Butter dazugeben. Den weißen Spargel darin 3 Min. garen, dann den grünen Spargel dazugeben und noch 2 Min. garen. Spargel herausheben, abtropfen lassen.

4 Ofen auf 200° vorheizen. Die Form vorbereiten (s. Seite 7). Den Teig auf wenig Mehl dünn ausrollen, die Form damit auskleiden. Überhängende Teigränder abschneiden (**Bild 2**), beiseitelegen. Teigboden mit einer Gabel mehrmals einstechen. Im Ofen (Mitte, Umluft 180°) 20 Min. vorbacken.

5 Inzwischen die Orange heiß waschen, abtrocknen; die Hälfte der Schale abreiben. Eier, Crème fraîche, Parmesan, Zitronensaft und Orangenschale verrühren. Knoblauch schälen und dazupressen. Mischung mit Salz und Muskat würzen.

6 Den Teigboden aus dem Ofen nehmen (Ofen nicht abschalten). Die Teigreste zu einer Rolle formen, diese ausrollen und den Streifen als Rand auf den Boden aufsetzen (**Bild 3**). Den Teigboden mit den abgetropften Spargelstücken so belegen, dass die Spargelspitzen zur Mitte zeigen. Mit der Eiermischung begießen. Die Quiche im heißen Ofen (Mitte) 30 Min. backen, nach ca. 15 Min. mit Backpapier abdecken.

Bunte Gemüse-Quiche

knackiger Vitaminmix

Zubereitung: ca. 40 Min. | *Ruhen: 60 Min.* | *Backen: ca. 50 Min.* | *Bei 8 Stücken pro Stück: 415 kcal*

Für 1 Spring- oder Quiche-form (Ø 26–28 cm)

Für den Teig:

200 g Dinkelvollkornmehl
+ Mehl für die Arbeitsfläche
100 g kalte Butter
1 Eigelb (von 1 Ei Größe M)
Salz

Für den Belag:

250 g Brokkoliröschen
2 Möhren | Salz
1 kleine Stange Lauch
100 g Champignons
2 EL Olivenöl
100 g TK-Erbsen | Pfeffer

Für den Guss:

250 g Sahne | 3 Eier (Größe M)
80 g Gouda, grob geraspelt
Kräutersalz | Pfeffer
frisch geriebene Muskatnuss

Außerdem:

2 EL Mandelsplitter

Clever variieren

Anstelle von Möhren, Pilzen, Lauch und Erbsen 250 g **Blumenkohlröschen** nehmen. Zutatenplus: 150 g **gekochter Schinken** in Streifen.

1 Für den Teig das Mehl in eine Schüssel sieben. Die Butter würfeln und dazugeben. Mehl und Butter mit dem Eigelb, 1 Prise Salz und 3–5 EL kaltem Wasser schnell verkneten. Den Teig zugedeckt 60 Min. kalt stellen.

2 Den Brokkoli waschen und abtropfen lassen. Möhren schälen, putzen und in feine Scheiben schneiden. Brokkoli und Möhren in reichlich kochendem Salzwasser in ca. 4 Min. bissfest garen. In ein Sieb abgießen, eiskalt abschrecken und abtropfen lassen. Dann in eine Schüssel geben.

3 Den Lauch putzen, in feine Ringe schneiden, waschen und gut abtropfen lassen. Die Champignons mit einem feuchten Küchentuch abreiben, vierteln und in 1 EL Olivenöl in einer Pfanne ca. 4 Min. anbraten. Zu Brokkoli und Möhren geben. Den Lauch in 1 EL Olivenöl ca. 3 Min. anbraten. Lauch und die unaufgetauten Erbsen unter das gemischte Gemüse mengen und alles mit Salz und Pfeffer abschmecken.

4 Backofen auf 200° vorheizen. Die Springform vorbereiten (s. Seite 7). Den Teig auf wenig Mehl etwas größer als die Form ausrollen, in die Form legen und dabei einen ca. 4 cm hohen Rand formen. Das Gemüse auf dem Teig verteilen.

5 Für den Guss Sahne, Eier und Gouda verquirlen. Mit Kräutersalz, Pfeffer und Muskat abschmecken und über das Gemüse gießen. Mit den Mandelsplittern bestreuen. Die Quiche im heißen Ofen (unten, Umluft 180°) in 45–50 Min. goldgelb backen. Wenn die Oberfläche droht, zu dunkel zu werden, die Quiche mit einem Bogen Backpapier abdecken.

Raclette-Quiche
mit Tomaten

sommerlich mediterran

Zubereitung: ca. 35 Min. | *Ruhen: 60 Min.* | *Backen: ca. 50 Min.* | *Bei 4 Stücken pro Stück: ca. 670 kcal*

Für 1 Spring- oder Quicheform (Ø 28 cm bzw. 25 x 25 cm)

Für den Teig:

100 g kalte Butter
100 g Weizenmehl
  + Mehl für die Arbeitsfläche
100 g feine Haferflocken
1 Eigelb (von 1 Ei Größe M)
Salz

Für den Belag:

500 g Fleischtomaten
Salz

Für den Guss:

10 Basilikumblätter
200 g Raclettekäse am Stück
  (am besten gut gekühlt)
2 Eier (Größe M)
150 g Sahnequark
3 EL Milch
1 TL getrockneter Oregano
1/2 TL getrocknete Kräuter
  der Provence
Salz | Pfeffer

Außerdem:

Hülsenfrüchte zum Blindbacken
Basilikumblätter zum Garnieren

1 Die Butter würfeln. Mit dem Mehl, den Haferflocken, dem Eigelb, 2 Prisen Salz und 3–5 EL kaltem Wasser rasch verkneten. In einer Schüssel zugedeckt 60 Min. kalt stellen.

2 Den Backofen auf 180° vorheizen. Die Tomaten waschen, abtrocknen und die Stielansätze entfernen. Tomaten in ca. 5 mm dünne Scheiben schneiden, salzen und beiseitestellen.

3 Die Form vorbereiten (s. Seite 7). Den Teig auf wenig Mehl dünn ausrollen und in die Form legen, dabei einen ca. 3 cm hohen Rand bilden. Den Teig mit Backpapier bedecken, darauf die Hülsenfrüchte geben. Den Teig im heißen Ofen (Mitte, Umluft 160°) ca. 20 Min. blindbacken. Die Form herausnehmen, Hülsenfrüchte und Papier entfernen. Den Ofen nicht ausschalten.

4 Die Basilikumblätter kalt abspülen, trocken tupfen und klein schneiden. Den Käse grob reiben und mit Eiern, Quark, Milch, Basilikum und getrockneten Kräutern verquirlen. Mit Salz und Pfeffer abschmecken.

5 Die Tomatenscheiben mit Küchenpapier trocken tupfen und auf den vorgebackenen Teig legen. Die Quarkmasse darübergießen. Die Quiche im heißen Ofen (2. Schiene von unten) ca. 30 Min. backen. Mit frischen Basilikumblättern garnieren.

Clever tauschen
Anstatt der Tomaten **500 g Zucchini** waschen, putzen und grob raspeln. Ebenfalls salzen und dann gut ausdrücken, bevor sie auf den Teig kommen.

33

Kräuter-Käse-
Quiche

fein zum Osterbrunch
Zubereitung: ca. 60 Min. | Ruhen: 30 Min. | Backen: ca. 45 Min. | Bei 8 Stücken pro Stück: 495 kcal

Für 1 Spring- oder Quicheform (Ø 28 cm)

Für den Teig:

250 g Weizenmehl
 + Mehl für die Arbeitsfläche
125 g kalte Butter
ca. 60 ml Möhrensaft
2 EL Mohnsamen
frisch geriebene Muskatnuss
Kräutersalz

Für die Füllung:

1 große Möhre
2 Zweige glatte Petersilie
250 g Cheddar
500 g Magerquark
100 g Sahne
3 Eier (Größe M)
4 EL Polentagrieß
2 EL Schnittlauchröllchen
1/2 TL Currypulver
Cayennepfeffer
Pfeffer | Kräutersalz

1 Das Mehl in eine Schüssel sieben. Die kalte Butter in Flöckchen schneiden und diese darübergeben. Mehl und Butter mit dem Möhrensaft, den Mohnsamen, 2 Prisen Muskat und Kräutersalz zu einem glatten Teig verkneten. Diesen zugedeckt 30 Min. kühl stellen.

2 Backofen auf 200° vorheizen. Für die Füllung die Möhre schälen, putzen und fein raspeln. Die Petersilie waschen, trocken schütteln, die Blätter abzupfen und fein schneiden. Den Cheddar fein reiben.

3 Käse, Quark, Sahne und Eier in einer Schüssel verquirlen. Möhrenraspel, Polentagrieß, Petersilie, Schnittlauch und Currypulver unterrühren. Mit 2 Prisen Cayennepfeffer, Pfeffer und Kräutersalz abschmecken.

4 Die Form vorbereiten (s. Seite 7). Den Teig auf wenig Mehl dünn ausrollen und in die Form legen, dabei einen ca. 3 cm hohen Rand formen. Die Quarkmasse auf den Teig geben und die Quiche im heißen Backofen (Mitte, Umluft 180°) ca. 45 Min. backen.

Clever tauschen

Statt Polenta (Maisgrieß) können Sie auch normalen **Weizengrieß** verwenden. Schön und sehr fein sind auch 2 EL klein **gehackte Pistazien** im Teig statt der Mohnsamen.

Wirsing-Quiche

herzhaft

Zubereitung: ca. 30 Min. | Ruhen: 60 Min. | Backen: ca. 55 Min. | Bei 8 Stücken pro Stück: ca. 550 kcal

Für 1 Spring- oder Quiche-form (Ø 26 cm)

Für den Teig:

250 g Weizenmehl
  + Mehl für die Arbeitsfläche
175 g Butter
1 Eigelb (von 1 Ei Größe M)
1/2 TL Salz
Pfeffer

Für den Belag:

600 g Wirsing
3 mittelgroße Zwiebeln
1 Knoblauchzehe
150 g gekochter Schinken
150 g Edamer
3 EL Öl
Kräutersalz
Pfeffer

Für den Guss:

3 Eier (Größe M)
250 g Sahne
gemahlene Muskatblüte (Macis)

Außerdem:

Hülsenfrüchte zum Blindbacken

1 Für den Teig das Mehl, die Butter in Stückchen, das Eigelb, Salz und Pfeffer mit 3 EL eiskaltem Wasser zu einem glatten Teig verkneten. Zugedeckt 60 Min. kalt stellen.

2 Inzwischen den Wirsing putzen, in feine Streifen schneiden, waschen und gut abtropfen lassen. Die Zwiebeln und den Knoblauch schälen und klein würfeln. Den Schinken eben-falls klein würfeln. Den Käse grob raspeln.

3 Das Öl in einer Pfanne erhitzen und den Wirsing mit den Zwiebel- und Knoblauchwürfeln darin ca. 5 Min. braten. Eventuell entstehende Kochflüssigkeit abschöpfen. Schinken und Käse untermengen und die Mischung mit Kräutersalz und Pfeffer würzen.

4 Den Backofen auf 200° vorheizen. Die Form vorbereiten (s. Seite 7). Den Teig auf wenig Mehl dünn ausrollen und in die Form legen, dabei einen 3 cm hohen Rand formen. Den Teig mit Backpapier bedecken, darauf die Hülsenfrüch-te geben. Den Teig im heißen Ofen (unten, Umluft 180°) ca. 15 Min. blindbacken.

5 Den Teigboden herausnehmen, Hülsenfrüchte und Back-papier entfernen und den Teigboden ca. 5 Min. weiter-backen. Herausnehmen und die Wirsingmasse darauf ver-teilen. Für den Guss die Eier mit der Sahne und 2 Prisen Muskatblüte verquirlen und darübergießen.

6 Die Quiche im heißen Ofen (2. Schiene von unten) weitere 35 Min. backen. Wenn die Oberfläche droht, zu dunkel zu werden, die Quiche mit einem Bogen Backpapier abdecken. Die Quiche im ausgeschalteten Ofen 10 Min. ruhen lassen.

Lamm-Quiche
mit Feigen und Datteln

im Orient-Style | *Zubereitung: ca. 30 Min.* | *Backen: ca. 50 Min.* | *Bei 4 Stücken pro Stück: ca. 650 kcal*

Für 1 Spring- oder Quiche-form (Ø 28 cm)

275 g Blätterteig (aus dem Kühlregal) oder 1 Rezept Blitz-Tarteteig von Seite 8

Für den Belag:

1 große Zwiebel
2 Knoblauchzehen
1 Zweig frischer Thymian (ersatzweise 1/2 TL getrockneter Thymian)
1/2 Bio-Zitrone
1 Bund glatte Petersilie
4 getrocknete Datteln
3 getrocknete Feigen
2 EL Olivenöl
400 g Lammhackfleisch
1 EL Tomatenmark
Salz | Pfeffer

Für den Guss:

100 g Mozzarella
3 Eier (Größe M)
125 ml Milch
1 gehäufter EL Mehl
1 TL Paprikapulver | Salz

Außerdem:

Mehl für die Arbeitsfläche

1 Für den Belag Zwiebel und Knoblauch schälen und beides in kleine Würfel schneiden. Den Thymian waschen und trocken schütteln, die Blättchen abstreifen. Die Bio-Zitrone heiß waschen, abtrocknen und die Schale abreiben.

2 Die Petersilie waschen und trocken schütteln, die Blättchen abzupfen und klein schneiden. Die Datteln halbieren, entsteinen und klein schneiden. Die Feigen ebenfalls klein schneiden.

3 Die Zwiebel- und Knoblauchwürfel im Olivenöl anbraten. Das Hackfleisch zufügen und krümelig braten. Tomatenmark, Thymianblättchen und Zitronenschale untermischen. Die Petersilie, die Datteln und Feigen unterrühren. Mit Salz und Pfeffer abschmecken.

4 Für den Guss den Mozzarella klein würfeln. Mit Eiern, Milch, Mehl und Paprikapulver (Schärfe nach Geschmack) verrühren. Den Guss mit Salz abschmecken. Den Backofen auf 200° vorheizen.

5 Die Form vorbereiten (s. Seite 7). Den Blätterteig bzw. den Tarteteig auf wenig Mehl etwas größer als die Form ausrollen und hineinlegen, dabei einen 4 cm hohen Rand formen. Die Fleischmasse einfüllen und glatt streichen. Den Guss darübergießen. Die Quiche im heißen Ofen (unten, Umluft 180°) in ca. 50 Min. goldbraun backen.

Clever tauschen

Statt Lammhackfleisch können Sie für diese deftige Quiche auch **Schweine- oder Rinderhackfleisch** verwenden.

Apfel-Hackfleisch-Quiche

Für 1 Spring- oder Quiche-form (Ø 26 cm)

Für den Teig:

100 g Weizenmehl
  + Mehl für die Arbeitsfläche
75 g kalte Butter
ca. 2–3 EL Apfel-Balsam-
  essig (ersatzweise Aceto
  balsamico oder anderer
  Frucht-Balsamessig)

Für den Belag:

1 große Zwiebel
2 EL Olivenöl
250 g Rinderhackfleisch
Salz | Pfeffer
2 mittelgroße Äpfel

Für den Guss:

60 g Gouda
2 Eigelbe (von Eiern Größe M)
1 Ei (Größe M)
250 g Sahne
getrockneter Majoran
1/2 TL getrockneter Thymian
Salz | Pfeffer
frisch geriebene Muskatnuss

1 Das Mehl und die Butter auf die Arbeitsfläche geben und mit den Fingerspitzen zerkrümeln. Mit dem Essig rasch zu einem Teig verkneten und zugedeckt 20 Min. kalt stellen.

2 Den Backofen auf 180° vorheizen. Die Form vorbereiten (s. Seite 7). Für den Belag die Zwiebel schälen, klein würfeln und im Öl bei mittlerer Hitze glasig braten. Das Hackfleisch zufügen und unter Rühren krümelig braten. Mit Salz und Pfeffer würzen. Das Hackfleisch aus der Pfanne nehmen und auskühlen lassen. (Die Pfanne nicht spülen.)

3 Die Äpfel schälen, die Kerngehäuse entfernen und das Fruchtfleisch in kleine Würfel schneiden. In der Pfanne in dem verbliebenen Öl ca. 2 Min. braten. Auskühlen lassen.

4 Den Teig auf wenig Mehl dünn ausrollen. Die Form damit auslegen, dabei einen 3 cm hohen Rand formen. Den Teig-boden mit einer Gabel mehrmals einstechen. Das Hack-fleisch auf dem Teig verteilen, die Äpfel darübergeben.

5 Für den Guss den Gouda reiben. Eigelbe, Ei, Sahne, 1 Msp. Majoran, Thymian, Salz, Pfeffer und Muskat verquirlen und auf die Füllung gießen. Mit dem geriebenen Käse be-streuen. Die Quiche im heißen Ofen (Mitte, Umluft 160°) ca. 45 Min. backen.

Clever tauschen

Anstatt der getrockneten Kräuter können Sie auch **frische Kräuter** verwenden. Dann aber die im Rezept angegebene Menge verdoppeln.

Curry-Ananas

-Quiche

exotisch | *Zubereitung: ca. 25 Min.* | *Ruhen: 20 Min.* | *Backen: ca. 35 Min.* | *Bei 8 Stücken pro Stück: ca. 530 kcal*

Für 1 Spring- oder Quicheform (Ø 28 cm)

1 Rezept Tarteteig
   nach Wahl (s. Seite 8)

Für den Belag:

1 große Stange Lauch
1 Ananas (ca. 400 g)
400 g Putenbrust
1 Stück frischer
   Ingwer (ca. 2 cm)
1 EL Olivenöl
Salz | Pfeffer

Für den Guss:

3 Eier (Größe M)
150 g Crème fraîche
250 g Mascarpone
1 EL Currypulver
   (Schärfe nach Belieben)
1 EL brauner Zucker
Salz

1 Den Teig wie auf Seite 8 beschrieben zubereiten. Die Form vorbereiten (s. Seite 7). Den Teig auf wenig Mehl dünn ausrollen und in die Form legen, dabei einen 3 cm hohen Rand bilden. Den Teigboden mit einer Gabel mehrmals einstechen. Die Form mit dem Teig für 20 Min. in den Kühlschrank stellen.

2 Den Lauch putzen, in feine Scheiben schneiden; diese gründlich waschen und gut abtropfen lassen. Die Ananas schälen (**Bild 1 und 2**), den holzigen Strunk in der Mitte entfernen (**Bild 3**), das Fruchtfleisch in Stücke schneiden.

3 Das Putenbrustfleisch kalt abspülen, trocken tupfen und in ca. 3 cm große Würfel schneiden. Den Ingwer mit dem Sparschäler schälen und fein reiben. Das Öl in einer Pfanne erhitzen und die Putenbrustwürfel darin rundherum anbraten. Den Ingwer dazugeben und das Fleisch mit Salz und Pfeffer würzen. Pfanne vom Herd nehmen und Fleisch etwas abkühlen lassen.

4 Den Backofen auf 220° vorheizen. Den Lauch auf dem Teigboden verteilen. Die Putenbrust- und Ananaswürfel darübergeben.

5 Für den Guss die Eier mit der Crème fraîche, dem Mascarpone, dem Currypulver und dem Zucker in einer Schüssel verquirlen. Den Guss mit Salz abschmecken und über dem Belag verteilen. Die Quiche im heißen Ofen (unten, Umluft 200°) ca. 35 Min. backen.

Clever variieren

Für noch mehr exotisches Aroma mischen Sie zusätzlich **2 EL Kokosflocken** unter den Guss.

Kräuter-
Heilbutt-Quiche

Vermouth-veredelt | *Zubereitung: ca. 30 Min.* | *Backen: ca. 40 Min.* | *Bei 6 Stücken pro Stück: ca. 500 kcal*

Für 1 Spring- oder Quiche-form (Ø 28 cm) oder ein kleines Backblech

300 g Blätterteig
  (aus dem Kühlregal; oder
  aufgetauter TK-Blätterteig)

Für den Belag:

3–4 Zweige gemischte
  Kräuter nach Wahl
1–2 Zweige glatte Petersilie
1 Zweig Dill
2 Schalotten
3 EL Butter
200 g geräucherter Heilbutt

Für den Guss:

250 g Sahne
3 Eier (Größe M)
2 EL trockener Vermouth
  (z. B. Noilly Prat)
Kräutersalz | Pfeffer
frisch geriebene Muskatnuss

Außerdem:

Mehl für die Arbeitsfläche
Hülsenfrüchte zum Blindbacken

1 Den Backofen auf 200° vorheizen. Die Form vorbereiten (s. Seite 7) bzw. das Blech mit Backpapier auslegen. Den Blätterteig auf wenig Mehl dünn ausrollen und in die Form bzw. auf das Blech legen, einen 2 cm hohen Rand formen. Den Teigboden mit einer Gabel mehrmals einstechen. Den Teig mit Backpapier bedecken, darauf die Hülsenfrüchte geben. Den Teig im heißen Ofen (Mitte, Umluft 180°) ca. 15 Min. blindbacken. Herausnehmen und Hülsenfrüchte und Backpapier entfernen. Den Ofen nicht ausschalten.

2 Für den Belag die Kräuter waschen und trocken schütteln, die Blättchen abzupfen und klein schneiden. Die Schalotten schälen, in kleine Würfel schneiden und in der Butter glasig braten. Die Kräuter unterrühren und kurz mitdünsten.

3 Den Heilbutt in kleine Stücke zerpflücken und auf dem Teigboden verteilen. Die Schalotten-Kräuter-Mischung darübergeben.

4 Für den Guss die Sahne mit den Eiern und dem Vermouth verquirlen und mit Kräutersalz, Pfeffer und Muskat abschmecken. Die Mischung auf den Belag gießen und die Quiche im heißen Ofen (Mitte) ca. 25 Min. backen, bis die Oberfläche goldgelb ist.

Clever tauschen

Im Fischfachgeschäft bekommen Sie **kalt geräucherten** und **heiß geräucherten** Heilbutt. Kalt geräucherter Heilbutt ist grätenfrei und mild im Geschmack. Heiß geräucherter Heilbutt wird in dicken Scheiben verkauft und muss vor der Verwendung von den Gräten befreit werden. Er schmeckt kräftig rauch-aromatisch. Anstatt des geräucherten Heilbutts können Sie auch **geräucherte Forellenfilets** verwenden.

Meeresfrüchte-
Quiche

zum Gäste-Verwöhnen

Zubereitung: ca. 30 Min. | Ruhen: 20 Min. | Backen: ca. 35 Min. | Bei 4 Stücken pro Stück: ca. 520 kcal

Für 1 Spring- oder Quiche-form (Ø 26 cm)

Für den Teig:

100 g Weizenmehl + Mehl für
   die Arbeitsfläche
75 g kalte Butter
2–3 EL Weißweinessig

Für den Belag:

400 g gemischte
   TK-Meeresfrüchte
2 Frühlingszwiebeln
1 kleine Knoblauchzehe
1 Tomate
2 EL Olivenöl
100 ml trockener Weißwein
2 TL Maisstärke
1 Döschen Safranpulver (0,1 g)
50 g Sahne
1/2 Bund glatte Petersilie

Für den Guss:

1 Ei (Größe M)
100 g Crème fraîche
1 TL abgeriebene Schale
   von 1 Bio-Zitrone
je 1 Spritzer Zitronensaft
   und Angostura
Zucker | Salz | Pfeffer

1 Mehl und Butter mit den Fingerspitzen zerkrümeln. Mit dem Essig rasch verkneten, den Teig zugedeckt 20 Min. kalt stellen. Die Meeresfrüchte in einem Sieb auftauen lassen.

2 Den Backofen auf 200° vorheizen. Die Form vorbereiten (s. Seite 7). Frühlingszwiebeln waschen und putzen, den Knoblauch schälen und beides klein würfeln. Die Tomate waschen, den Stielansatz entfernen und die Tomate klein schneiden. Die aufgetauten Meeresfrüchte trocken tupfen.

3 Frühlingszwiebeln und Knoblauch im Öl glasig braten. Die Meeresfrüchte kurz mitgaren. Tomaten und Wein zugeben, alles bei kleiner Hitze ca. 3 Min. leise kochen lassen. Stärke mit Safran und Sahne verrühren, die Meeresfrüchte-Masse damit binden. Die Mischung abkühlen lassen. Die Petersilie waschen und trocken schütteln, die Blättchen klein schneiden, untermischen. Mit Salz und Pfeffer abschmecken.

4 Den Teig dünn auf wenig Mehl ausrollen. Die Form damit auslegen, einen 2 cm hohen Rand bilden. Teigboden mit einer Gabel mehrmals einstechen. Die Meeresfrüchte darauf verteilen. Für den Guss Ei, Crème fraîche und Zitronenscha-le verrühren. Mit Zitronensaft, Angostura, 1 Prise Zucker, Salz und Pfeffer würzen; auf die Meeresfrüchte gießen. Die Quiche im Ofen (Mitte, Umluft 180°) ca. 35 Min. backen.

Clever variieren

Sie können dieses Rezept auch auf **mehrere Portionsförmchen auf-teilen** und backen (siehe Bild). Beachten Sie dann aber, dass sich die **Backzeit verkürzt.** Behalten Sie die Küchlein während des Backens im Auge, und machen Sie **frühzeitig eine Garprobe.**

Cakes

Herzhaft-saftige Cakes sind die wahren Trendies unter den pikanten Kuchen. Kein Wunder: Sie sind blitzschnell ofenfertig, schmecken warm wie kalt und gelingen gaaanz einfach. Da können auch weniger Backerfahrene zu Rührbesen und -schüssel greifen!

Für 1 Kastenform (ca. 30 cm lang)

75 g Bauchspeck
75 g gekochter Schinken
150 g Gruyère oder Comté
4 Eier (Größe M)
50 ml Olivenöl
250 g Weizenmehl
1 Päckchen Backpulver
Zucker
100 ml trockener Weißwein
200 g grüne, mit Paprika
   gefüllte Oliven (aus dem Glas)

Oliven-Cake

fix zusammengerührt | *Zubereitung: ca. 25 Min.*
Backen: ca. 50 Min. | *Bei 12 Stücken pro Stück: ca. 250 kcal*

1 Die Kastenform mit Backpapier auslegen. Den Bauchspeck und den Schinken klein würfeln. Den Käse fein reiben.

2 Die Eier mit dem Olivenöl schaumig schlagen. Nach und nach Mehl, Backpulver, 1 Prise Zucker, den Weißwein und den Käse unterrühren. Die Oliven sowie die Speck- und Schinkenwürfel unterheben.

3 Den Teig in die Form füllen und diese in den kalten Back-ofen (Mitte) stellen. Den Backofen auf 150° (Umluft 130°) schalten und den Cake in ca. 50 Min. goldgelb backen.

Speckgugelhupf

---

sehr Brunch-tauglich
Zubereitung: ca. 30 Min. | Ruhen: 40 Min. | Backen:
ca. 40 Min. | Bei 4 Stücken pro Stück: ca. 590 kcal

Für 1 Gugelhupfform (ca. 3 l Inhalt) oder
4 kleine Backformen (je ca. 750 ml Inhalt)

1 Zwiebel | 1/2 Bund glatte Petersilie
100 g Bauchspeck | 260 g Weizenmehl
+ Mehl für die Form | Zucker | Salz
60 g Butter + Butter für die Form
1 Ei (Größe M) | 1/3 Würfel frische Hefe (15 g)
90 ml lauwarme Milch
25 g gehackte Walnusskerne

1 Die Zwiebel schälen und klein würfeln.
Die Petersilie waschen und trocken schütteln, die Blättchen klein schneiden. Den
Speck klein würfeln und in einer Pfanne
anbraten. Speck herausnehmen und die
Zwiebeln im ausgelassenen Fett glasig
braten. Speck, Zwiebeln und Petersilie
vermischen und etwas abkühlen lassen.

2 Das Mehl in eine Schüssel sieben. 2 Prisen
Zucker, wenig Salz, die Butter in Würfeln
und das Ei darübergeben. Die Hefe in der
lauwarmen Milch auflösen und dazugeben.
Alles mit den Händen verkneten. Die Speck-
mischung unterarbeiten. Wenn der Teig glatt
ist, die Walnüsse untermischen.

3 Die Form(en) mit Butter ausstreichen und
mit Mehl bestreuen. Den Teig einfüllen und
zugedeckt an einem warmen Ort ca. 40 Min.
ruhen lassen, bis der Teig schön aufgegangen
ist. Den Backofen auf 200° vorheizen.

4 Den bzw. die Kuchen im heißen Backofen
(Mitte, Umluft 180°) backen. Aus dem Ofen
holen, 10 Min. abkühlen lassen, vorsichtig
auf ein Kuchengitter stürzen und vollständig
auskühlen lassen.

Schinken-Feigen-Cake

---

tolle Kombi | *Zubereitung: ca. 30 Min. | Backen:*
ca. 45 Min. | Bei 8 Stücken pro Stück: ca. 275 kcal

Für 1 Kastenform (ca. 25 cm lang)

3 Eier (Größe M) | 100 ml Sonnenblumenöl
180 g Weizenmehl
1 Päckchen Backpulver
Zucker | 100 ml Vollmilch
200 g frische Feigen
100 g roher Schinken in feinen Scheiben
100 g Emmentaler, gerieben
Salz | Pfeffer

1 Die Kastenform mit Backpapier auslegen.
Den Backofen auf 180° vorheizen. Die Eier
mit dem Öl schaumig schlagen. Nach und
nach das Mehl, das Backpulver, 1 Prise
Zucker und die Milch unterrühren.

2 Die Feigen waschen und in feine Spalten
schneiden. Den Schinken in ca. 1 cm breite
Streifen schneiden. Feigen, Schinken und
Käse unter den Teig heben. Mit Salz und
Pfeffer abschmecken.

3 Den Teig in die Form füllen und den Cake
im heißen Backofen (Mitte, Umluft 160°)
in ca. 45 Min. goldgelb backen.

Nuss-Muffins
mit Steinpilzen

kräuter-aromatisch
Zubereitung: ca. 25 Min. | Backen: ca. 30 Min. | Pro Muffin: ca. 200 kcal

**Für 1 Muffinsblech
mit 12 Mulden**

15 g getrocknete Steinpilze
3 EL Weißwein
100 g gemischte Nüsse (z. B.
   Walnusskerne, Haselnüsse,
   Cashewkerne, Pistazien)
250 g Weizenmehl
2 TL Backpulver
1/2 TL Natron
Zucker
1/2 TL getrockneter Thymian
   (oder 1 TL frischer Thymian)
1/2 TL getrockneter Oregano
   (oder 1 TL frischer Oregano)
1–2 TL Kräutersalz
1 TL grob gemahlene
   Koriandersamen
Pfeffer
2 Eier (Größe M)
7 EL Olivenöl
250 ml Buttermilch

Außerdem:

12 Muffin-Papierförmchen

1 Die Steinpilze in heißem Wasser ca. 10 Min. einweichen und in ein Sieb abgießen. Mehrmals kalt abspülen und abtropfen lassen. Die Pilze klein schneiden und mit dem Weißwein in einem kleinen Topf erhitzen; zur Seite stellen.

2 Die Nüsse grob hacken und in einer beschichteten Pfanne ohne Fett bei mittlerer Hitze goldgelb rösten. Den Backofen auf 190° vorheizen.

3 Mehl, Backpulver, Natron, 1 Prise Zucker, Kräuter, Kräutersalz, Koriandersamen, Pfeffer und Nüsse in einer Schüssel mischen. In einer zweiten Schüssel die Eier mit Olivenöl und Buttermilch verquirlen und unter die Mehlmischung rühren. Die Pilze mit dem Weißwein unterheben. Den Teig eventuell noch etwas nachwürzen, er sollte kräftig abgeschmeckt sein.

4 Die Papierförmchen in die Mulden des Muffinsblechs setzen. Den Teig einfüllen und die Muffins im heißen Ofen (2. Schiene von unten, Umluft 170°) 25–30 Min. backen.

Clever tauschen und variieren

Sehr aromatisch sind auch **getrocknete Morcheln** im Teig, die Sie anstatt der getrockneten Steinpilze nehmen können. Und wer die Muffins noch etwas herzhafter bevorzugt, kann zusätzlich 50 g in Streifen geschnittenen **luftgetrockneten Schinken** unter den Teig mengen. In diesem Fall die Salzmenge etwas reduzieren.

Pesto-Cake
mit kandierten Tomaten

schön saftig | *Zubereitung: ca. 40 Min.*
Tomaten im Ofen kandieren: ca. 60 Min. | *Backen: ca. 55 Min.* | *Bei 8 Stücken pro Stück: ca. 360 kcal*

**Für 1 Kastenform
(ca. 25 cm lang)**

Für die kandierten Tomaten:

5 reife Tomaten
1 Knoblauchzehe
1 Zweig Rosmarin
1 TL Puderzucker
4 EL Olivenöl

Für den Teig:

3 Eier (Größe M)
80 ml Olivenöl
170 g Weizenmehl
2 TL Backpulver
125 ml Vollmilch
100 g Parmesan,
   frisch gerieben
Pfeffer
100 g Basilikum-Pesto
   (aus dem Glas)
2 EL Pinienkerne

Außerdem:

Puderzuckersieb

1 Den Backofen auf 100° vorheizen. Von den Tomaten die Stielansätze entfernen. Die Tomaten mit kochendem Wasser überbrühen, herausnehmen und die Haut abziehen. Die Tomaten vierteln, entkernen (**Bild 1**) und mit der Schnittfläche nach unten auf ein Backblech setzen.

2 Den Knoblauch schälen und klein würfeln. Den Rosmarin waschen und trocken schütteln, die Nadeln abstreifen und grob hacken. Die Tomaten mit Knoblauch und Rosmarin bestreuen, mit dem Puderzucker bestäuben (**Bild 2**) und mit dem Olivenöl beträufeln. Die Tomaten im heißen Ofen (Mitte, Umluft 90°) ca. 60 Min. kandieren. Herausnehmen und etwas abkühlen lassen. Den Backofen auf 180° schalten.

3 Für den Teig die Eier mit dem Olivenöl schaumig schlagen. Nach und nach das Mehl, das Backpulver, die Milch und den Parmesan unterrühren. Den Teig mit etwas Pfeffer würzen. Die Teigmenge halbieren und unter eine Hälfte das Pesto rühren.

4 Die Kastenform mit Backpapier auslegen. Die Hälfte des Pestoteigs in die Form geben. Die Hälfte der kandierten Tomatenviertel darüberlegen (**Bild 3**), darauf die Hälfte des hellen Teigs geben. Den Vorgang wiederholen und die Teigoberfläche mit Pinienkernen bestreuen.

5 Den Pesto-Cake im heißen Backofen (Mitte, Umluft 160°) ca. 45 Min. backen. Im ausgeschalteten Ofen noch 10 Min. ruhen lassen. Herausnehmen und 10 Min. abkühlen lassen. Vorsichtig auf ein Kuchengitter stürzen und vor dem Aufschneiden etwas abkühlen lassen.

Paprika-Cake
mit Feta und Oliven

griechisch inspiriert
Zubereitung: ca. 30 Min. | Backen: ca. 40 Min.
Bei 12 Stücken pro Stück: ca. 195 kcal

Für 1 Kastenform (ca. 25 cm lang)

1 große rote Paprikaschote | 80 ml Olivenöl
150 g Feta (Schafkäse) | 50 g schwarze
Oliven ohne Stein | 1 TL Zucker
2 Eier (Größe M) | Schale und Saft
von 1/2 Bio-Zitrone | 250 g Weizenmehl
2 TL Backpulver | 250 ml Vollmilch
1/2 TL getrockneter Oregano | Pfeffer

1 Paprika mit dem Sparschäler schälen, längs halbieren, putzen und würfeln; in 2 EL Olivenöl ca. 3 Min. braten. Vom Herd nehmen und abkühlen lassen. Ofen auf 180° Umluft (Ober-/Unterhitze nicht geeignet) vorheizen.

2 Den Feta würfeln. Die Oliven halbieren. Restliches Olivenöl, Zucker und Eier schaumig rühren. Zitronenschale, Mehl, Backpulver und Milch untermengen. Feta, Oliven, Zitronensaft und Oregano untermischen. Mit etwas Pfeffer würzen.

3 Form mit Backpapier auslegen. Teig hineingeben und glatt streichen. Den Cake im heißen Ofen (Mitte) ca. 25 Min. backen. Herausnehmen und die Teigoberfläche mit einem Messer einige Male längs einkerben. Den Cake in ca. 15 Min. fertig backen, aus dem Ofen nehmen, 10 Min. abkühlen lassen, vorsichtig auf ein Kuchengitter stürzen.

Ratatouille-Cake

provençalisch inspiriert
Zubereitung: ca. 35 Min. | Backen: ca. 50 Min.
Bei 12 Stücken pro Stück ca. 315 kcal

Für 1 Kastenform (ca. 30 cm lang)

1 kleiner Zucchino | 1 gelbe Paprikaschote
1 kleine Aubergine | 2 Tomaten | 1 Zwiebel
2 Knoblauchzehen | 4 Eier (Größe M)
250 ml Olivenöl + 2 EL Öl zum Anbraten
250 g Weizenmehl | 1 Päckchen Backpulver
Zucker | 1 TL frische Thymianblättchen
(oder 1/2 TL getrockneter Thymian)
Salz | Pfeffer

1 Die Kastenform mit Backpapier auslegen. Den Backofen auf 180° vorheizen. Das Gemüse waschen, putzen und in ca. 1 cm große Würfel schneiden. Die Zwiebel und den Knoblauch schälen und klein würfeln.

2 2 EL Olivenöl in einer Pfanne erhitzen und die Zwiebeln darin glasig braten. Die Gemüsewürfel und den Knoblauch dazugeben und bei kleiner Hitze ca. 5 Min. braten. Mit 50 ml Wasser ablöschen und bei kleiner Hitze ca. 5 Min. leise kochen lassen. Etwas abkühlen lassen.

3 Die Eier mit dem Öl schaumig schlagen. Nach und nach das Mehl, das Backpulver, 1 Prise Zucker und die Thymianblättchen unterrühren. Zum Schluss die abgekühlte Gemüsemasse unterheben. Mit Salz und Pfeffer abschmecken. Den Teig in die Form füllen und im heißen Ofen (Mitte, Umluft 160°) in ca. 50 Min. goldgelb backen.

Würziger Kräuter-Cake

schnell und einfach | *Zubereitung: ca. 25 Min.* | *Backen: ca. 45 Min.* | *Bei 8 Stücken pro Stück: ca. 170 kcal*

**Für 1 Kastenform
(20–25 cm lang)**

je 1–2 Zweige glatte Petersilie,
  Koriandergrün und frische
  Minze
4–5 Halme Schnittlauch
3 Eier (Größe M)
1/2 TL Kräutersalz
Zucker
1 TL bunte Pfefferkörner,
  grob gehackt
3 EL Naturjoghurt
4 EL Olivenöl
150 g Weizenmehl
1 Päckchen Backpulver
50 g Parmesan, frisch gerieben

1 Die Kastenform mit Backpapier auslegen. Die Kräuter waschen und trocken schütteln, von Petersilie, Koriandergrün und Minze die Blättchen abzupfen und klein schneiden. Den Schnittlauch in Röllchen schneiden.

2 Die Eier mit dem Kräutersalz, 1 Prise Zucker und den Pfefferkörnern schaumig schlagen. Den Joghurt und das Olivenöl unterrühren. Den Backofen auf 150° vorheizen.

3 In einer zweiten Schüssel das Mehl mit dem Backpulver und dem Parmesan mischen. Diese Mischung nach und nach unter die Eiermasse heben. Die Kräuter unterheben und das Ganze in die Form füllen.

4 Den Cake im heißen Backofen (Mitte, Umluft 130°) in ca. 45 Min. goldgelb backen. Herausnehmen und 10 Min. abkühlen lassen. Vorsichtig aus der Form stürzen und auf einem Kuchengitter auskühlen lassen.

Rosmarin-Frischkäse-Cake

mit Pistazien-Topping | *Zubereitung: ca. 20 Min.* | *Backen: ca. 45 Min.* | *Bei 8 Stücken pro Stück: ca. 275 kcal*

Für 1 Kastenform (ca. 25 cm lang)

50 g Butter
Zucker
3 Eier (Größe M)
250 g Weizenmehl
2 TL Backpulver
200 ml Vollmilch
2 Zweige Rosmarin
100 g Ziegenfrischkäse
2 EL Pistazienöl
  (ersatzweise Olivenöl)
Salz | Pfeffer
2 EL Pistazien

1 Die Kastenform mit Backpapier auslegen. Den Backofen auf 180° vorheizen. Butter, 1 Prise Zucker und die Eier cremig rühren. Das Mehl und das Backpulver mischen und mit der Milch nach und nach unterrühren.

2 Den Rosmarin waschen und trocken schütteln, die Nadeln abzupfen und klein schneiden. Den Ziegenfrischkäse mit einer Gabel in kleine Stückchen teilen. Beides mit dem Pistazienöl unter den Teig heben. Diesen mit Salz und Pfeffer abschmecken.

3 Den Teig in die Form füllen. Die Pistazien grob hacken und auf den Cake streuen. Den Cake im heißen Ofen (Mitte, Umluft 160°) in ca. 45 Min. goldgelb backen.

Clever einkaufen

Falls Sie keinen Ziegenfrischkäse bekommen, können Sie diesen auch durch **Doppelrahm-Frischkäse** aus Kuhmilch ersetzen.

Käse-Cake mit Trauben

fruchtig-pikant | *Zubereitung: ca. 30 Min.* | *Backen: ca. 50 Min.* | *Bei 12 Stücken pro Stück: ca. 225 kcal*

Für 1 Kastenform (ca. 25–30 cm lang)

100 g Butter | 100 g blaue Weintrauben
2 EL Haselnusskerne | 1 Rolle Ziegen-
Camembert (ca. 150 g) | 4 Eier (Größe M)
Zucker | 100 ml Weißwein oder Traubensaft
250 g Weizenmehl | 1 Päckchen Backpulver
2 EL Rosinen | Salz | Pfeffer

1 Den Ofen auf 180° vorheizen. Die Butter in einem kleinen Topf zerlassen und etwas ab-kühlen lassen. Die Trauben waschen, halbie-ren und die Kerne entfernen. Die Haselnüsse grob hacken. Den Käse klein würfeln.

2 Eier mit 1 Prise Zucker schaumig rühren. Weißwein und flüssige Butter unterrühren. Mehl und Backpulver darübersieben und unterarbeiten. Rosinen, Trauben, Haselnüsse und Käse unterheben. Salzen und pfeffern.

3 Die Form mit Backpapier auslegen und den Teig einfüllen. Den Kuchen im heißen Ofen (Mitte, Umluft 160°) ca. 50 Min. backen. Stäbchenprobe machen! Den Kuchen aus dem Ofen nehmen, 10 Min. abkühlen las-sen, auf ein Kuchengitter stürzen und voll-ständig auskühlen lassen.

Clever tauschen
Alternativ zum Ziegen-Camembert können Sie auch einen milden **Kuhmilch-Camembert** verwenden.

Roquefort-Birnen-Cake

klassische Kombi | *Zubereitung: ca. 30 Min.* | *Backen: ca. 45 Min.* | *Bei 12 Stücken pro Stück: ca. 235 kcal*

Für 1 Kastenform (ca. 25 cm lang)

2 Birnen | 2 TL Zitronensaft | 3 Eier (Größe M)
100 ml neutrales Pflanzenöl | 100 ml Vollmilch
170 g Weizenmehl | 50 g Speisestärke
1 Päckchen Backpulver | 100 g Emmentaler,
gerieben | 150 g Roquefort
1 EL Birnenschnaps | Salz | Pfeffer

1 Birnen schälen und vierteln. Fruchtfleisch ohne Kerngehäuse in Scheiben schneiden. Mit Zitronensaft beträufeln und beiseite-stellen. Den Backofen auf 180° vorheizen. Die Form mit Backpapier auslegen.

2 Die Eier mit dem Öl und der Milch schau-mig rühren. Mehl, Speisestärke, Backpulver und Emmentaler mischen und esslöffelweise unter die Eiermasse heben. Roquefort mit einer Gabel zerkrümeln und mit den Birnen-scheiben unterrühren. Mit Birnenschnaps, 1 Prise Salz und Pfeffer abschmecken.

3 Den Teig in die Form füllen. Im heißen Ofen (2. Schiene von unten, Umluft 160°) ca. 45 Min. backen. Herausnehmen und 10 Min. abkühlen lassen. Vorsichtig auf ein Kuchengitter stürzen.

Clever variieren
Für zusätzliches Nussaroma können Sie 50 g gehack-te **Walnusskerne** unter den Teig rühren.

links: Roquefort-Birnen-Cake | rechts: Käse-Cake mit Trauben

Cake mit getrockneten Pflaumen und Räucherschinken

fruchtig-würzig

Zubereitung: ca. 20 Min. | Backen: ca. 50 Min. | Bei 8 Stücken pro Stück: 335 kcal

**Für 1 Kastenform
(ca. 25 cm lang)**

80 g Räucherschinken
80 g getrocknete Pflaumen
  ohne Stein
250 g Weizenmehl
100 g Butter
40 g Sbrinz (ersatzweise
  Parmesan)
1 Päckchen Backpulver
4 Eier (Größe M)
Zucker
1/2 TL Salz
Pfeffer
100 g Naturjoghurt
2 EL mittelscharfer Senf

1 Den Backofen auf 175° vorheizen. Den Schinken und die Pflaumen in kleine Würfel schneiden. Schinken- und Pflaumenwürfel mit 3 EL Mehl bestäuben, vermengen und beiseitestellen. Den Käse fein reiben.

2 Die Butter in einem kleinen Topf zerlassen und etwas abkühlen lassen. Das restliche Mehl mit dem Backpulver in eine Schüssel sieben.

3 Die Eier mit 1 Prise Zucker, dem Salz und Pfeffer schaumig rühren. Joghurt, flüssige Butter und Senf nach und nach unterrühren. Die Backpulver-Mehl-Mischung unterheben. Den Käse sowie die Schinken- und Pflaumenwürfel dazugeben und untermengen.

4 Die Kastenform mit Backpapier auslegen. Den Teig einfüllen und den Cake im heißen Backofen (Mitte, Umluft 160°) ca. 50 Minuten backen. Die Stäbchenprobe machen! Den Cake aus dem Ofen nehmen und 10 Min. abkühlen lassen, dann auf ein Kuchengitter stürzen und vor dem Servieren vollständig auskühlen lassen.

Clever verfeinern

Sehr aromatisch schmeckt der Cake, wenn Sie einen **Senf mit grünem Pfeffer** statt des mittelscharfen Senfs nehmen.

Clever variieren

Sie können dieses Rezept auch auf **mehrere Portionsförmchen aufteilen** und backen (siehe Bild). Beachten Sie dann aber, dass sich die **Backzeit verkürzt**. Behalten Sie die Küchlein während des Backens im Auge, und machen Sie **frühzeitig eine Garprobe**.

Spargel-Schinken-Cake

ideale Vorspeise

Zubereitung: ca. 50 Min. | Backen: ca. 50 Min. | Bei 12 Stücken pro Stück: ca. 245 kcal

Für 1 Kastenform
(25–30 cm lang)

300 g weißer Spargel
Salz | 1 TL Zucker
100 g Räucherschinken
3–4 Halme Schnittlauch
1–2 Stängel glatte Petersilie
80 g Butter
3 Eier (Größe M)
120 g Crème fraîche
350 g Weizenmehl
1 Päckchen Backpulver
1 TL Natron
Pfeffer
frisch geriebene Muskatnuss

1 Den Spargel mit dem Sparschäler schälen, die holzigen Endstücke abschneiden und die Spargelstangen in ca. 1 cm große Stücke schneiden.

2 250 ml Wasser aufkochen, etwas Salz und den Zucker dazugeben. Die Spargelstücke darin in ca. 10 Min. bissfest garen. In ein Sieb abgießen, dabei den Spargelsud auffangen. Den Spargel abtropfen lassen. Vom Kochsud 175 ml abmessen und abkühlen lassen.

3 Den Backofen auf 180° vorheizen. Den Schinken in kleine Würfel schneiden. Schnittlauch und Petersilie waschen und trocken schütteln. Den Schnittlauch in Röllchen, die Petersilienblättchen klein schneiden. Die Butter in einem kleinen Topf zerlassen und etwas abkühlen lassen.

4 Die Eier und die Crème fraîche schaumig rühren. Den abgemessenen Spargelsud und die flüssige Butter dazugeben. In einer zweiten Schüssel Mehl, Backpulver, Natron, Schinkenwürfel und Kräuter mischen. Esslöffelweise unter die schaumige Eiermasse rühren. Mit Salz, Pfeffer und 2 Prisen Muskat abschmecken. Die Spargelstücke unterheben.

5 Die Kastenform mit Backpapier auslegen. Den Teig einfüllen. Den Cake im heißen Backofen (Mitte, Umluft 160°) 45–50 Min. backen.

Clever tauschen

Außerhalb der Spargelsaison können Sie **Spargel aus dem Glas** (der ist bereits gegart) direkt in den Teig geben.

Grüne-Bohnen-Cake
mit Walnüssen

Einfach, pfiffig, gut!

Zubereitung: ca. 35 Min. | *Backen: 50 Min.* | *Bei 12 Stücken pro Stück: ca. 260 kcal*

**Für 1 Kastenform
(25–30 cm lang)**

200 g feine grüne Bohnen
Salz
80 g Walnusskerne
100 g luftgetrockneter Speck
250 g Weizenmehl
2 TL Backpulver
Zucker
4 Eier (Größe M)
100 ml Walnussöl
 (ersatzweise Olivenöl)
100 ml trockener Weißwein
Pfeffer

1 Die grünen Bohnen waschen und putzen. In reichlich kochendem Salzwasser ca. 8 Min. blanchieren – sie sollen bissfest sein. In ein Sieb abgießen, eiskalt abschrecken und abtropfen lassen.

2 Den Backofen auf 180° vorheizen. Die Kastenform mit Backpapier auslegen. Die Walnusskerne grob hacken. Den Speck klein würfeln. Die abgetropften Bohnen in kleine Stücke schneiden.

3 Das Mehl mit dem Backpulver und 1 Prise Zucker in eine Schüssel sieben. Die Eier mit dem Walnussöl schaumig rühren. Den Wein unterrühren. Dann die Mehlmischung nach und nach unterheben.

4 Die Bohnen, die gehackten Nüsse und die Speckwürfel untermengen. Den Teig mit Salz und Pfeffer abschmecken und in die Form füllen.

5 Den Grüne-Bohnen-Cake im heißen Backofen (Mitte, Umluft 160°) ca. 50 Min. backen. Die Stäbchenprobe machen! Den Kuchen aus dem Ofen nehmen und 10 Min. abkühlen lassen. Aus der Form stürzen und auf einem Kuchengitter vollständig auskühlen lassen.

Blitzvariante
Wenn's mal schnell gehen soll, können Sie auch **grüne Bohnen aus der Dose** verwenden.

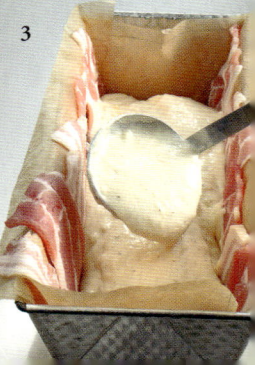

Birnen-
Speck-Cake

raffiniert geschichtet

Zubereitung: ca. 30 Min. | Backen: ca. 50 Min. | Bei 8 Stücken pro Stück: ca. 320 kcal

Für 1 Kastenform
(ca. 25 cm lang)

1/2 Bio-Zitrone
50 g Butter
2 Eier (Größe M)
2 TL Zucker
Salz
250 g Weizenmehl
2 TL Backpulver
1/4 TL gemahlene
   Muskatblüte (Macis)
1/2 TL gemahlener Koriander
Pfeffer
250 ml Vollmilch
100 g Frühstücksspeck
   in dünnen Scheiben
4 Birnen (ca. 700 g)

1 Die Bio-Zitrone heiß waschen und abtrocknen. Die Schale abreiben und den Saft auspressen. Die Butter mit den Eiern, dem Zucker und 1 Prise Salz cremig rühren.

2 In einer zweiten Schüssel die Zitronenschale, das Mehl, das Backpulver und die Gewürze vermischen. Mit der Milch nach und nach unter die Eiermasse rühren.

3 Die Kastenform mit Backpapier komplett auslegen. Vom Speck 4–5 Scheiben beiseitelegen. Den Boden und die Ränder der Form mit den übrigen Speckscheiben auslegen (**Bild 1**). Den Backofen auf 200° vorheizen.

4 Die Birnen schälen, vierteln und die Kerngehäuse herausschneiden. Die Birnenviertel sofort mit dem Zitronensaft beträufeln und auf die Speckscheiben legen (**Bild 2**). Die Hälfte des Teigs darüber verteilen (**Bild 3**). Die restlichen Speckscheiben und Birnenhälften darauflegen.

5 Den restlichen Teig über Speck und Birnen geben und glatt streichen. Den Cake im heißen Ofen (Mitte, Umluft 180°) in ca. 50 Minuten goldgelb backen. Nach 35 Minuten die Ofentemperatur auf 150° herunterschalten. Falls der Cake dann auf der Oberfläche bereits stark gebräunt ist, ihn mit Alufolie oder Backpapier abdecken.

6 Den fertig gebackenen Birnen-Speck-Cake aus dem Backofen nehmen, etwas abkühlen lassen, aus der Form stürzen und vorsichtig aufschneiden.

Clever verfeinern

Wer's gern nussig-kernig hat, bestreut den Teig vor dem Backen mit **2 EL gehackten Walnüssen.**

Fenchel-Cake
mit Räucherlachs

mit Käsewürze und Dillaroma

Zubereitung: ca. 35 Min. | Backen: ca. 45 Min. | Bei 8 Stücken pro Stück: ca. 320 kcal

**Für 1 Kastenform
(25–30 cm lang)**

2 Fenchelknollen
1 EL Olivenöl
100 ml Gemüsebrühe (!nstant)
1 EL Anislikör
  (z. B. Pastis oder Pernod)
100 g Gouda
100 g Räucherlachs
220 g Weizenmehl
1 Päckchen Backpulver
3 Eier (Größe M)
Zucker
100 ml Olivenöl
100 ml Vollmilch
1 TL getrockneter Dill
Salz | Pfeffer

1 Die Fenchelknollen waschen, das Grün und holzige Stellen außen entfernen, die Knollen längs halbieren. Den harten Strunk keilförmig herausschneiden und den Fenchel klein würfeln. Die Fenchelwürfel in 1 EL Olivenöl bei mittlerer Hitze ca. 3 Min. braten. Mit der Gemüsebrühe ablöschen und leise kochen lassen, bis die Flüssigkeit verdampft und der Fenchel bissfest ist. Den Anislikör unterrühren und die Mischung abkühlen lassen.

2 Den Backofen auf 180° vorheizen. Den Gouda fein reiben. Den Räucherlachs in feine Streifen schneiden. Mehl und Backpulver in eine Schüssel sieben.

3 In einer zweiten Schüssel die Eier mit 1 Prise Zucker schaumig rühren. Olivenöl und die Milch unterrühren, dann die Backpulver-Mehl-Mischung mit dem Gouda unterheben. Fenchel, Räucherlachs und Dill unterrühren. Mit Salz und Pfeffer abschmecken.

4 Die Kastenform mit Backpapier auslegen und den Teig einfüllen. Den Cake im heißen Ofen (Mitte, Umluft 160°) ca. 45 Min. backen. Stäbchenprobe machen! Den Kuchen aus dem Ofen nehmen. 10 Min. abkühlen lassen, dann auf ein Kuchengitter stürzen und vollständig auskühlen lassen.

Clever variieren
Der Räucherlachs lässt sich gut durch **marinierten (graved) Lachs oder durch geräucherte Lachsforelle** ersetzen.

Cake mit Nordseekrabben
und Curry

passt auch gut zum Aperitif

Zubereitung: ca. 30 Min. | Backen: ca. 50 Min. | Bei 8 Stücken pro Stück: ca. 270 kcal

**Für 1 Kastenform
(ca. 25 cm lang)**

200 g Nordseekrabben
  in Salzlake
1–2 Zweige glatte Petersilie
2 Schalotten
1 EL Butter
1 TL Currypulver
2 EL trockener Sherry
1 Zweig Koriandergrün
100 g Emmentaler
3 Eier (Größe M)
Zucker
150 ml Vollmilch
100 ml neutrales Pflanzenöl
150 g Weizenmehl
1 Päckchen Backpulver
Salz | Pfeffer

1 Die Krabben in ein Sieb abgießen, kalt abspülen und abtropfen lassen. Die Petersilie waschen und trocken schütteln, die Blättchen abzupfen und fein schneiden. Die Schalotten schälen und klein würfeln.

2 Die Butter in einer Pfanne zerlassen und die Schalotten darin bei mittlerer Hitze glasig braten. Das Currypulver dazugeben und kurz mitbraten. Die Schalotten mit dem Sherry ablöschen. Krabben und Petersilie dazugeben. Die Pfanne vom Herd nehmen und alles abkühlen lassen. Den Backofen auf 180° vorheizen.

3 Das Koriandergrün waschen und trocken schütteln, die Blättchen abzupfen und klein schneiden. Den Emmentaler reiben. Die Eier mit 1 Prise Zucker schaumig rühren. Die Milch und das Öl unterrühren. Das Mehl und das Backpulver darübersieben und unterarbeiten. Die Krabbenmasse, das Koriandergrün und den Emmentaler unterheben. Mit Salz und Pfeffer abschmecken.

4 Die Kastenform mit Backpapier auslegen und den Teig einfüllen. Den Cake im heißen Ofen (Mitte, Umluft 160°) ca. 50 Min. backen. Stäbchenprobe machen! Den Cake aus dem Backofen nehmen, 10 Min. abkühlen lassen, dann auf ein Kuchengitter stürzen und vollständig auskühlen lassen.

Clever würzen

Noch pikanter wird der Cake, wenn Sie das **Currypulver durch 1/2–1 TL thailändische Currypaste** ersetzen.

Tartes, Kuchen und Wähen

In der süßen Version sind sie schon lange der Renner: Tartes, Kuchen und Wähen. Doch warum nicht mal eine Prise Salz plus einen Löffel Aceto an den Teig und Artischocken, Schinken & Co. darauf? Zum Kaffee passen die Kuchen dann zwar nicht mehr – dafür bestens zu Wein und Bier!

Für 1 Backform (Ø 28–30 cm)

1 Rezept Blitz-Tarteteig
  (s. Seite 8)

Für den Belag:

150 g Gruyère
150 g Emmentaler
150 ml Cidre

Für den Guss:

150 ml Vollmilch
3 Eier (Größe M)
Salz | Pfeffer
frisch geriebene Muskatnuss

Außerdem:

Mehl für die Arbeitsfläche

Cidre-Käse-Tarte

schnell und fein | Zubereitung: ca. 20 Min.
Backen: ca. 35 Min. | Bei 8 Stücken pro Stück: 395 kcal

1 Den Teig wie auf Seite 8 beschrieben zubereiten und kalt stellen. Den Teig auf wenig Mehl dünn ausrollen und in die Form legen, dabei einen 2 cm hohen Rand bilden. Den Teigboden mit einer Gabel mehrmals einstechen. Den Backofen auf 220° vorheizen.

2 Die beiden Käsesorten reiben, mit dem Cidre mischen und kurz ziehen lassen. Die Mischung auf dem Teigboden verteilen. Für den Guss Milch und Eier verquirlen, mit Salz, Pfeffer und Muskat abschmecken. Über den Käse gießen.

3 Die Tarte im heißen Backofen (unten, Umluft 200°) ca. 35 Min. backen. Warm servieren. Dazu passt ein Glas gekühlter Cidre.

Einfache Käsewähe

schnell gemacht | *Zubereitung: ca. 20 Min.* | *Backen: ca. 35 Min.* | *Bei 6 Stücken pro Stück: ca. 505 kcal*

Für 1 Springform (Ø 30 cm)

1 Rezept Tarteteig nach Wahl (s. Seite 8)

Für die Füllung:

400 ml Milch | 250 g Gruyère, gerieben
2 EL Weizenmehl | 2 Eier (Größe M)
Salz | Pfeffer | frisch geriebene Muskatnuss

Außerdem:

Mehl für die Arbeitsfläche

1 Den Ofen auf 200° vorheizen. Den Teig wie auf Seite 8 beschrieben zubereiten. Die Springform vorbereiten (s. Seite 7). Den Teig auf wenig Mehl dünn ausrollen und in die Form legen, dabei einen 2 cm hohen Rand formen. Den Teigboden mit einer Gabel mehrmals einstechen.

2 Die Milch mit Käse, Mehl und Eiern verrühren, mit wenig Salz, Pfeffer und Muskat würzen. Füllung auf den Teigboden geben.

3 Die Wähe im heißen Ofen (Mitte, Umluft 180°) in ca. 35 Min. goldgelb backen und warm servieren.

Käsewähe mit Joghurt

Für 1 Springform (Ø 28 cm) | 1 Rezept Tarteteig nach Wahl (s. Seite 8) wie beschrieben zubereiten. Backofen auf 200° vorheizen. Die Springform vorbereiten (s. Seite 7). Den Teig auf wenig Mehl dünn ausrollen und in die Form legen, dabei einen 2 cm hohen Rand bilden. Teigboden mit einer Gabel mehrmals einstechen. Für die Füllung 1 Zwiebel schälen und klein würfeln. Mit 250 g geriebenem Käse (z. B. Gruyère, Emmentaler und Appenzeller gemischt) und 1 EL Mehl mischen. 1 Ei mit 150 ml Milch und 180 g Naturjoghurt verrühren, mit wenig Salz und etwas geriebener Muskatnuss würzen und unter die Käsemasse ziehen. Die Füllung auf den Teigboden geben und die Wähe im heißen Backofen (Mitte, Umluft 180°) in ca. 35 Min. goldgelb backen. Warm servieren.

Käsewähe mit Speck

Für 1 Springform (Ø 28–30 cm) | Die Springform vorbereiten (s. Seite 7). 300 g Blätterteig (aus dem Kühlregal) ausrollen und die Form damit auslegen. Teigboden mit einer Gabel mehrmals einstechen. Den Backofen auf 200° vorheizen. 100 g Speck in feine Streifen schneiden, in einer beschichteten Pfanne ohne Fett glasig braten und auf dem Teigboden verteilen. Die Pfanne nicht abspülen. 1 große Zwiebel schälen, in kleine Würfel schneiden, in der Pfanne im Speckfett glasig braten und über den Speck geben. 250 g geriebenen Käse darüberstreuen (z. B. Gruyère, Emmentaler und Appenzeller gemischt). Für den Guss 2 Eier (Größe M) trennen. Die Eigelbe mit 200 ml Milch, 100 g Naturjoghurt und 50 g Mehl verrühren. Die Eiweiße mit 1 Prise Zucker steif schlagen und unter die Eigelbmischung ziehen. Mit wenig Salz und etwas geriebener Muskatnuss würzen und über den Käse gießen. Die Wähe im heißen Ofen (Mitte, Umluft 180°) in ca. 35 Min. goldgelb backen. Warm servieren.

Camembert-Tarte
mit Cranberry-Sauce

herzhaft | *Zubereitung: ca. 30 Min.* | *Ruhen: 30 Min.* | *Backen: ca. 30 Min.* | *Bei 8 Stücken pro Stück: ca. 395 kcal*

Für 1 Springform (Ø 28 cm)

Für den Teig:

200 g Weizenmehl
 + Mehl für die Arbeitsfläche
Salz | 100 g kalte Butter
1 EL Aceto balsamico

Für den Belag:

250 g reifer Camembert
 (ggf. einige Tage bei
 10–15° reifen lassen)
50 g Sahne | 2 Eier (Größe M)
Honig | Kräutersalz | Pfeffer

Für die Sauce:

1 Zweigspitze Rosmarin
100 g getrocknete Cranberrys
50 ml roter Portwein
2–4 EL Apfelsaft
Salz | Pfeffer

Außerdem:

Hülsenfrüchte zum Blindbacken

Clever variieren

Wenn Sie eine **kleinere Form** verwenden (wie auf dem Bild), verkürzen Sie die Blindbackzeit, und **backen Sie die Tarte länger,** gegen Ende der Backzeit evtl. abgedeckt.

1 Das Mehl, 1 Prise Salz und die kalte Butter in Würfeln in einer Schüssel verkneten. Den Essig und nach und nach ca. 4 EL kaltes Wasser unterkneten, bis sich der Teig vom Schüsselrand löst. Den Teig so lange kneten, bis er glatt ist. Teig in eine Schüssel legen und diese mit einem Deckel verschließen. Den Teig 30 Min. kalt stellen.

2 Den Backofen auf 200° vorheizen. Die Springform vorbereiten (s. Seite 7) Den Teig auf wenig Mehl dünn ausrollen und die Form damit auslegen. Dabei einen ca. 2 cm hohen Rand bilden. Den Teig mit Backpapier bedecken, darauf die Hülsenfrüchte geben. Teig im heißen Ofen (Mitte, Umluft 180°) ca. 15 Min. blindbacken. Herausnehmen, Hülsenfrüchte und Backpapier entfernen. Ofen nicht ausschalten.

3 Den Camembert entrinden, in kleine Stücke schneiden und mit der Sahne in einen Rührbecher geben. Mit dem Pürierstab zu einer homogenen Masse verarbeiten. Die Eier und 1 TL Honig dazugeben und das Ganze nochmals durchmixen. Die Mischung mit Kräutersalz und Pfeffer abschmecken und auf den vorgebackenen Boden gießen. Tarte im heißen Backofen (Mitte) in ca. 15 Min. goldgelb backen.

4 Inzwischen für die Sauce den Rosmarin waschen und trocken schütteln, die Nadeln klein schneiden. Die Cranberrys mit dem Portwein pürieren. Mit Apfelsaft auf die gewünschte Konsistenz verdünnen. Den Rosmarin unterrühren und die Sauce mit wenig Salz und Pfeffer abschmecken.

5 Die Tarte aus dem Ofen nehmen und ca. 5 Min. abkühlen lassen, dann lauwarm mit der Sauce servieren.

Zwiebelkuchen
mit Speck

---

fein zu neuem Wein

Zubereitung: ca. 40 Min. | Ruhen: 40 Min. | Backen: ca. 35 Min. | Bei 12 Stücken pro Stück ca. 505 kcal

---

Für 1 großes Backblech (45 x 35 cm)

Für den Teig:

500 g Weizenmehl
 + Mehl für die Arbeitsfläche
1 Päckchen Trockenhefe
2 Eier (Größe M)
50 g Butter
Salz
1–2 EL Essig

Für den Belag:

1 kg Zwiebeln
500 g durchwachsener
 Räucherspeck
4 Eier (Größe M)
ca. 1/2 TL Kümmelsamen
125 ml Milch
Salz | Pfeffer

Außerdem:

Öl für das Blech

1 Das Mehl und die Trockenhefe in einer Schüssel mischen. Die Eier, die Butter in Flöckchen, 1 Prise Salz, den Essig und ca. 375 ml Wasser zufügen. Alles zu einem Teig verkneten und diesen zugedeckt an einem warmem Ort ca. 20 Min. gehen lassen.

2 Inzwischen die Zwiebeln schälen und in Ringe schneiden. Den Räucherspeck würfeln und in einer beschichteten Pfanne ohne Fett auslassen. Die Speckwürfel herausnehmen und beiseitestellen. Die Zwiebeln in die Pfanne geben und im darin verbliebenen Fett bei kleiner Hitze goldgelb braten. Den Backofen auf 200° vorheizen.

3 Den Teig nochmals durchkneten und auf wenig Mehl ausrollen. Das Backblech mit etwas Öl ausstreichen und den Teig darauflegen. Den Teig weitere ca. 20 Min. gehen lassen, bis sich sein Volumen verdoppelt hat. Dann die Zwiebeln darauf verteilen.

4 Die Eier mit dem Kümmel und der Milch verquirlen, mit Salz und Pfeffer abschmecken und über die Zwiebeln gießen. Den Kuchen im heißen Ofen (Mitte, Umluft 180°) ca. 25 Min. backen. Herausnehmen, den Speck darüberstreuen und den Kuchen in ca. 10 Min. fertig backen. Sofort servieren.

Clever tauschen

Vollwertiger wird der Zwiebelkuchen, wenn Sie das Weizenmehl durch **Dinkelmehl** ersetzen. Dinkel ist die Urform des Weizens und enthält **viele Spurenelemente und Mineralstoffe.**

Aperitif-Tartelettes

schnelle Edelhäppchen
Zubereitung: ca. 20 Min. | Backen: ca. 20 Min. | Pro Tartelette: ca. 225 kcal

Für 12 Tartelettes

Für den
Roquefort-Trauben-Belag:

2 Stangen Staudensellerie
300 g grüne Weintrauben
2 EL Walnusskerne
150 g Roquefort

Für den
Tapenade-Ziegenkäse-Belag:

1 kleine rote Zwiebel
1 in Öl eingelegte rote Paprikaschote (aus dem Glas)
1 Zweig Rosmarin
3 EL Tapenade (schwarze
   Olivenpaste aus dem Glas)
2 EL Pinienkerne
150 g Ziegenfrischkäse

Außerdem:

250 g Blätterteig
   (aus dem Kühlregal; oder
   aufgetauter TK-Blätterteig)
Mehl für die Arbeitsfläche

1 Für den Roquefort-Trauben-Belag den Staudensellerie waschen, putzen und die Stangen in kleine Stücke schneiden. Die Weintrauben waschen, abtrocknen, halbieren und entkernen (**Bild 1**). Die Walnusskerne fein hacken und den Roquefort zerbröckeln.

2 Den Backofen auf 210° vorheizen. Das Backblech mit Backpapier auslegen. Den Blätterteig auf wenig Mehl ausrollen. Aus dem Teig 12 Kreise von 10–12 cm Ø ausstechen und auf das Backblech heben (**Bild 2**). Die Teigkreise im heißen Ofen (Mitte, Umluft 190°) ca. 15 Min. vorbacken.

3 Inzwischen für den Tapenade-Ziegenkäse-Belag die Zwiebel schälen und in kleine Würfel schneiden. Die Paprikaschote trocken tupfen und ebenfalls klein würfeln. Den Rosmarin waschen und trocken schütteln, die Nadeln abstreifen.

4 Die vorgebackenen Tartelettes aus dem Ofen nehmen, den Backofen aber nicht ausschalten. Die Hälfte der Tartelettes mit Selleriestückchen, Weintrauben, Walnusskernen und Roquefort belegen.

5 Die übrigen sechs Tartelettes zunächst mit der Tapenade bestreichen (**Bild 3**), dann mit Zwiebelwürfeln, Paprikastücken, Pinienkernen und Ziegenfrischkäse belegen und mit Rosmarinnadeln bestreuen.

6 Die Tartelettes im heißen Backofen (Mitte) weitere 6 Min. backen, bis der Käse zerlaufen ist. Sofort auf Tellerchen verteilen und servieren.

Spinat-Mascarpone-Kuchen

vegetarisch | *Zubereitung: ca. 20 Min.* | *Backen: ca. 25 Min.* | *Bei 4 Stücken pro Stück: ca. 445 kcal*

Für 1 Springform (Ø 30 cm)

2 EL Butter | 100 g Strudel-, Brik- oder Filoteig
400 g Blattspinat
1 Knoblauchzehe | 2 Eier (Größe M)
200 g Mascarpone | Salz | Pfeffer
frisch geriebene Muskatnuss
2 EL Pinienkerne

1 Die Butter in einem kleinen Topf zerlassen. Die Springform mit etwas flüssiger Butter fetten und mit den Teigblättern auskleiden. Den Teig ebenfalls mit etwas Butter bestreichen. Den Backofen auf 220° vorheizen.

2 Für den Belag den Spinat putzen, gründlich waschen, in ein sauberes Geschirrtuch geben und gut trocken schütteln. Die Spinatblätter in breite Streifen schneiden. Den Knoblauch schälen und in kleine Würfel schneiden. Eier, Mascarpone und Knoblauch verrühren. Den Spinat untermischen. Mit Salz, Pfeffer und Muskat abschmecken.

3 Die Spinatmischung auf die Teigblätter geben. Überstehende Teigränder nach innen schlagen und mit der restlichen Butter bestreichen. Die Pinienkerne darüberstreuen. Den Kuchen im heißen Ofen (unten, Umluft 200°) 10 Min. backen. Dann die Temperatur auf 200° (Umluft 180°) reduzieren und den Kuchen in ca. 15 Min. fertig backen.

Pesto-Lachs-Tarte

edel | *Zubereitung: ca. 20 Min.* | *Backen: ca. 20 Min.* | *Bei 4 Stücken pro Stück: ca. 650 kcal*

Für 1 Springform (Ø 28 cm)

250 g Blätterteig (aus dem Kühlregal; oder aufgetauter TK-Blätterteig) | 4 EL Basilikum-Pesto (aus dem Glas) | 2 große vollreife Tomaten | 450 g frisches Lachsfilet (ohne Haut und Gräten) | 1 Eigelb (von 1 Ei Größe M)
2 EL Anisschnaps (z. B. Pernod oder Ricard)
150 g Mozzarella | Salz | Pfeffer

Außerdem:

Mehl für die Arbeitsfläche

1 Ofen auf 210° vorheizen. Die Springform mit Backpapier auslegen. Den Blätterteig auf wenig Mehl ausrollen und die Form damit auslegen, dabei einen 2 cm hohen Rand bilden. Das Pesto auf den Teigboden streichen.

2 Die Tomaten waschen und die Stielansätze entfernen. Das Fruchtfleisch in kleine Würfel schneiden. Das Lachsfilet kalt abspülen, trocken tupfen und ebenfalls klein würfeln. Das Eigelb mit dem Anisschnaps verrühren, Lachs und Tomaten untermischen.

3 Die Lachs-Tomaten-Masse auf den Teigboden geben. Mozzarella in feine Scheiben schneiden und darüberlegen. Mit Salz und Pfeffer würzen. Die Tarte im heißen Ofen (Mitte, Umluft 190°) in ca. 20 Min. goldgelb backen. Warm servieren.

vorne: Pesto-Lachs-Torte | hinten: Spinat-Mascarpone-Kuchen

Tomaten-Tarte
mit Ziegenkäse

vegetarisch | *Zubereitung: ca. 25 Min.* | *Backen:*
ca. 45 Min. | *Bei 6 Stücken pro Stück: ca. 510 kcal*

Für 1 Springform (Ø 30 cm)

1 Rolle Blätterteig (ca. 250 g; aus dem
Kühlregal) | 500 g Kirschtomaten
100 g getrocknete Tomaten | Kräutersalz
Pfeffer | je 1 kleiner Zweig Rosmarin
und Thymian | 100 g Parmesan
200 g Ziegenfrischkäse | 150 g Schmant
2 Eier (Größe M) | 3 EL Pinienkerne

Außerdem:

Mehl für die Arbeitsfläche

1 Springform mit Backpapier auslegen. Teig
auf wenig Mehl ausrollen, die Form damit
auslegen, dabei einen 2 cm hohen Rand bilden. Teigboden mit einer Gabel mehrmals
einstechen. Den Ofen auf 180° vorheizen.

2 Kirschtomaten waschen, abtrocknen, halbieren und auf dem Teig verteilen; leicht salzen
und pfeffern. Die getrockneten Tomaten in
feine Streifen schneiden, darüber verteilen.

3 Kräuter waschen, die Nadeln bzw. Blättchen
klein schneiden. Parmesan grob raspeln.
Frischkäse, Schmant und Eier mit Kräutern
und Parmesan verrühren, mit Salz und
Pfeffer würzen, über die Tarte gießen.
Im heißen Backofen (Mitte, Umluft 160°)
ca. 30 Min. backen. Pinienkerne darüberstreuen und in 10–15 Min. fertig backen.

Oliven-Tarte
mit Manchego

schön knusprig | *Zubereitung: ca. 20 Min.* | *Backen:*
ca. 25 Min. | *Bei 4 Stücken pro Stück: ca. 530 kcal*

Für 1 Springform (Ø 28 cm)

1 Rolle Blätterteig (ca. 250 g; aus dem Kühlregal)
30 g getrocknete Tomaten | 60 g schwarze
Oliven ohne Stein | 80 g grüne Oliven ohne
Stein | 1 Knoblauchzehe | 2 Eier (Größe M)
125 ml Milch | je 1/2 TL getrockneter
Oregano und Thymian | 150 g Manchego
1 TL Pul Biber (getrocknete Paprikaflocken;
aus dem türkischen Lebensmitteladen)

Außerdem:

Mehl für die Arbeitsfläche

1 Ofen auf 180° vorheizen. Die Form mit
Backpapier auslegen. Den Blätterteig ausrol-
len, die Form damit auslegen, dabei einen
2 cm hohen Rand bilden. Im heißen Ofen
(Mitte, Umluft 160°) ca. 10 Min. vorbacken.
Herausnehmen, den Ofen nicht ausschalten.

2 Die Oliven auf dem vorgebackenen Teig
verteilen. Die Tomaten in feine Streifen
schneiden und darüberstreuen.

3 Knoblauch schälen und in eine Schüssel
pressen. Eier, Milch und die getrockneten
Kräuter dazugeben, alles gut verrühren
und auf die Tarte gießen. Den Manchego
darüberreiben und den Pul Biber daraufstreuen. Die Tarte im heißen Ofen (Mitte)
in ca. 15 Min. fertig backen.

Kürbis-
Curry-Tarte

herbstlich würzig

Zubereitung: ca. 20 Min. | Backen: ca. 35 Min. | Bei 4 Stücken pro Stück: ca. 655 kcal

**Für 1 Springform
(Ø 28–30 cm)**

1 Rezept Tarteteig
    nach Wahl (s. Seite 8)

Für die Füllung:

500 g Hokkaido-Kürbis
    (geputzt gewogen)
250 g mehligkochende
    Kartoffeln
1 Zwiebel
2 EL Olivenöl
4 EL trockener Weißwein

Für den Guss:

1 Stück frischer Ingwer
    (ca. 2 cm)
80 g Crème fraîche
2 Eier (Größe M)
3 EL Milch
2 TL Currypulver
1/2 TL gemahlener
    Kreuzkümmel
Salz | Pfeffer
2 EL Kürbiskerne

Außerdem:

Mehl für die Arbeitsfläche

1 Den Tarteteig wie auf Seite 8 beschrieben zubereiten und
evtl. ruhen lassen. Das Kürbisfruchtfleisch grob reiben.
Die Kartoffeln schälen, kalt abspülen und ebenfalls grob
reiben. Die Zwiebel schälen und in kleine Würfel schneiden.

2 Das Olivenöl in einer beschichteten Pfanne erhitzen und
die Zwiebelwürfel darin glasig braten. Die Kürbis- und
Kartoffelraspel dazugeben und ca. 2 Min. mitbraten.
Mit dem Weißwein ablöschen. Die Hitze reduzieren und
das Gemüse zugedeckt ca. 5 Min. leise kochen lassen.
Vom Herd nehmen.

3 Den Backofen auf 220° vorheizen. Die Springform mit
Backpapier auslegen. Den Teig auf wenig Mehl dünn ausrollen und die Form damit auskleiden, dabei einen 2 cm
hohen Rand bilden. Den Teigboden mit einer Gabel mehrmals einstechen.

4 Den Ingwer mit dem Sparschäler schälen und fein reiben.
Mit der Crème fraîche, den Eiern, der Milch, dem Currypulver und dem Kreuzkümmel unter die Kürbis-Kartoffel-
Masse rühren. Mit Salz und Pfeffer abschmecken und auf
dem Tarteteig verteilen.

5 Die Tarte mit den Kürbiskernen bestreuen und im heißen
Ofen (Mitte, Umluft 200°) ca. 35 Min. backen.

Clever variieren

Sie können diese Tarte auch **in einer kleineren Form backen.**
Beachten Sie aber, dass sich dann die **Backzeit verlängert,** weil
der Kuchen höher ist. Decken Sie ihn gegen Ende der Backzeit
eventuell ab, und machen Sie **wiederholt eine Garprobe.**

Gemüse-Tarte
mit Feigen-Gremolata

Bunt, würzig, saftig!
Zubereitung: ca. 40 Min. | Backen: ca. 40 Min. | Bei 6 Stücken pro Stück: ca. 365 kcal

**Für 1 Springform
(Ø 28–30 cm) oder ein
kleines Backblech**

1 Rezept Tarteteig
nach Wahl (s. Seite 8)

Für den Belag:

2 mittelgroße Zucchini
1 rote Paprikaschote
2 Tomaten
2 EL Olivenöl
2 Eier (Größe M)
2 EL Crème fraîche
100 ml Milch
Salz | Pfeffer

Für die Gremolata:

1 kleine Knoblauchzehe
4 getrocknete Feigen
1 Bund glatte Petersilie
1/2 Bio-Zitrone
40 g Parmesan, frisch gerieben
Salz | Pfeffer
Tabasco

Außerdem:

Mehl für die Arbeitsfläche

1 Den Tarteteig wie auf Seite 8 beschrieben zubereiten. Für den Belag die Zucchini waschen, putzen, längs halbieren und quer in feine Scheiben schneiden. Die Paprika waschen, putzen, entkernen und in kleine Würfel schneiden. Tomaten waschen und die Stielansätze entfernen. Die Tomaten ebenfalls klein würfeln.

2 Die Springform bzw. das Blech mit Backpapier auslegen. Den Teig auf wenig Mehl dünn ausrollen und die Form damit auskleiden, dabei einen 3 cm hohen Rand bilden.

3 Für die Gremolata den Knoblauch schälen und in eine Schüssel pressen. Die Feigen klein schneiden. Die Petersilie waschen und trocken schütteln, die Blättchen klein schneiden. Die Zitrone heiß waschen und abtrocknen. Die Schale abreiben und den Saft auspressen. Feigen, Petersilie, Zitronenschale und -saft mit dem geriebenen Parmesan zum Knoblauch geben und alles vermischen. Mit etwas Salz, Pfeffer und wenig Tabasco abschmecken.

4 Das Olivenöl in einer Pfanne erhitzen und die Zucchini, Paprika und Tomaten darin ca. 5 Min. braten. Die Hälfte der Gremolata untermischen. Salzen und pfeffern und etwas abkühlen lassen. Den Backofen auf 180° vorheizen.

5 Das Gemüse auf dem Teigboden verteilen. Die Eier mit der Crème fraîche und der Milch verquirlen, mit etwas Salz und Pfeffer würzen und über die Gemüsemischung geben. Die Tarte im heißen Ofen (Mitte, Umluft 160°) ca. 40 Min. backen, bis die Oberfläche goldgelb ist. Tarte aus dem Ofen nehmen und mit der restlichen Gremolata bestreuen.

Pilz-Tarte

schmekt warm und kalt

Zubereitung: ca. 55 Min. | Einweichen: 60 Min. | Backen: ca. 25 Min. | Bei 6 Stücken pro Stück: ca. 445 kcal

**Für 1 runde Backform
(Ø 30 cm)**

1 Rezept Tarteteig
  nach Wahl (s. Seite 8)

Für die Füllung:

10 g getrocknete Morcheln
  (aus dem Feinkostgeschäft)
10 g getrocknete Steinpilze
15 g getrocknete Shiitakepilze
700 g gemischte Pilze
  (z. B. Champignons,
  Austernpilze, Pfifferlinge)
2 Schalotten
1 Knoblauchzehe
1 kleiner Zweig frischer
  Thymian (ersatzweise
  1 TL getrockneter Thymian)
2 EL Olivenöl
250 g Sahne
Salz | Pfeffer
Tabasco
1 EL Zitronensaft
2 Eier (Größe M)
2 EL Schnittlauchröllchen
4 EL geriebener Gruyère

Außerdem:

Mehl für die Arbeitsfläche

1 Die getrockneten Pilze in heißem Wasser mindestens 60 Min. einweichen. Inzwischen den Tarteteig wie auf Seite 8 beschrieben zubereiten und evtl. ruhen lassen. Die frischen Pilze mit einem feuchten Küchenpapier abreiben und in 2–3 mm dünne Scheiben schneiden.

2 Die eingeweichten Pilze in ein Sieb abgießen, mehrmals kalt abspülen und abtropfen lassen. Die Stiele der Shiitakepilze entfernen (sie bleiben auch nach dem Garen hart), alle Pilze in kleine Stücke schneiden.

3 Die Form mit Backpapier auslegen. Den Teig auf wenig Mehl dünn ausrollen und die Form damit auskleiden, dabei einen 2 cm hohen Rand bilden. Teigboden mit einer Gabel mehrmals einstechen. Den Backofen auf 250° vorheizen.

4 Schalotten und Knoblauch schälen und in kleine Würfel schneiden. Den Thymian waschen und trocken schütteln, die Blättchen klein schneiden. Schalotten, Knoblauch und Thymian im Olivenöl anbraten. Die frischen Pilze dazugeben und kurz mitbraten. Die eingeweichten Pilze gut ausdrücken und dazugeben. Alles mit der Sahne ablöschen und einige Min. leise kochen lassen, bis die Flüssigkeit etwas eingekocht ist. Mit Salz, Pfeffer, etwas Tabasco und dem Zitronensaft abschmecken. Die Eier mit dem Schnittlauch verquirlen und unter die Pilzmasse rühren.

5 Den Teigboden mit dem Käse bestreuen. Die warme Pilzmasse darauf verteilen und die Tarte im heißen Backofen (Mitte, Umluft 230°) ca. 15 Min. backen. Dann die Temperatur auf 200° (Umluft 180°) herunterschalten und die Pilz-Tarte auf der ersten Schiene von unten in ca. 10 Min. fertig backen.

Filo-Tarte mit Tatar
und Sherry-Rosinen

im Orient-Style | *Zubereitung: ca. 30 Min.* | *Backen: ca. 30 Min.* | *Bei 8 Stücken pro Stück: ca. 270 kcal*

**Für 1 Springform
(Ø 26–28 cm)**

Für die Füllung:

50 g Rosinen
100 ml trockener Sherry (Fino)
100 g Schafkäse (Feta)
5 getrocknete Tomaten (in Öl)
50 g schwarze Oliven mit Stein
1 kleiner Zweig frische Minze
300 g Rindertatar
1 Ei (Größe M)
100 g Sahne
1 Prise Zimtpulver
1 Prise Cayennepfeffer
Salz | Pfeffer

Außerdem:

3 EL Butter
4 Blätter Filoteig (35 x 45 cm;
   aus dem türkischen Lebens-
   mittelladen)
frische Thymianblättchen
   zum Garnieren

1 Die Rosinen im Sherry 15 Min. einweichen. Den Schafkäse zerkrümeln und in eine Schüssel geben. Die getrockneten Tomaten abtropfen lassen, in feine Streifen schneiden und dazugeben. Die Oliven entsteinen, klein schneiden und ebenfalls dazugeben. Die Minze waschen und trocken schütteln, die Blättchen klein schneiden und ebenfalls in die Schüssel geben.

2 Die Rosinen mit dem Sherry, das Rindertatar, das Ei, die Sahne, Zimtpulver und Cayennepfeffer zu den übrigen Zutaten in die Schüssel geben. Alles gut mischen und mit Salz und Pfeffer abschmecken.

3 Den Backofen auf 200° vorheizen. Die Butter in einem kleinen Topf zerlassen. Die Springform mit etwas flüssiger Butter fetten. Die Teigblätter jeweils auf einer Seite mit etwas Butter bestreichen (**Bild 1**).

4 Drei Teigblätter in die Form legen, die Füllung daraufgeben (**Bild 2**). Das letzte Teigblatt darauflegen. Überstehende Ränder verschließen (**Bild 3**), mit flüssiger Butter bestreichen und mit Thymianblättchen garnieren.

5 Die Filo-Tarte im heißen Backofen (Mitte, Umluft 180°) in ca. 30 Min. goldbraun backen. Aus dem Ofen nehmen, 5 Min. ruhen lassen. Die Tarte in 12 Stücke schneiden und warm servieren.

Clever dazuservieren
Als Getränk passt zu dieser orientalisch inspirierten Tarte sehr gut ein **Tee aus marokkanischer Minze.**

Artischockenkuchen mit Tomatenguss

mediterran | *Zubereitung: ca. 30 Min.* | *Backen: ca. 40 Min.* | *Bei 4 Stücken pro Stück: ca. 595 kcal*

Für 1 runde Backform (Ø 28 cm)

480 g Artischockenherzen in Lake (Abtropfgewicht) | 200 g Tomaten
2 kleine Knoblauchzehen
1 Rezept Blitz-Tarteteig mit Olivenöl (s. Seite 8)
100 g Schichtkäse | 80 ml Milch
2 Eier (Größe M) | Salz
grob gemahlener Pfeffer
abgeriebene Schale von 1/2 Bio-Zitrone

Außerdem:

Mehl für die Arbeitsfläche
150 g Parmaschinken in dünnen Scheiben

1 Die Artischocken in einem Sieb gut abtropfen lassen. Die Tomaten waschen, die Stielansätze entfernen. Tomaten klein würfeln und in eine Schüssel geben. Den Knoblauch schälen und dazupressen.

2 Den Ofen auf 200° vorheizen. Die Springform mit Backpapier auslegen. Den Tarteteig wie auf Seite 8 beschrieben zubereiten und auf wenig Mehl dünn ausrollen. Die Springform mit dem Teig auslegen, dabei einen 2 cm hohen Rand formen. Teigboden mit einer Gabel mehrmals einstechen.

3 Schichtkäse, Milch und Eier zu den Tomaten geben und alles verquirlen. Mit Salz, Pfeffer und Zitronenschale würzen.

4 Die Artischocken halbieren und auf den Teigboden legen. Den Tomatenguss darübergießen und den Kuchen im Ofen (2. Schiene von unten, Umluft 180°) ca. 40 Min. backen. Den Artischockenkuchen mit Schinkenscheiben belegen, mit grobem Pfeffer bestreuen und sofort servieren.

Artischockenkuchen mit Thunfisch

Für 1 Springform (Ø 28–30 cm) | **Hefeteig** wie auf Seite 10 beschrieben zubereiten und gehen lassen. Die Springform mit Backpapier auslegen. Den Teig auf wenig Mehl dünn ausrollen, die Form damit auslegen, dabei einen 2 cm hohen Rand formen. **480 g Artischockenherzen** in Lake (Abtropfgewicht) und **1 Dose naturell eingelegten Thunfisch** (180 g) abtropfen lassen. Den Backofen auf 200° vorheizen. **10 Sardellenfilets** (aus dem Glas) kalt abspülen, klein schneiden und in eine Schüssel geben. **1 Zwiebel** und **2 Knoblauchzehen** schälen, klein würfeln und dazugeben. **1/2 Bund Basilikum** waschen und trocken schütteln, die Blättchen klein schneiden und ebenfalls in die Schüssel geben. Thunfisch zerpflücken, auch dazugeben. **3 EL Kapern** (aus dem Glas) und die **abgeriebene Schale von 1/2 Bio-Zitrone** in die Schüssel geben, alles gut vermischen und auf dem Teigboden verstreichen. Artischocken halbieren und darauflegen. **200 g Mozzarella** in Scheiben schneiden, ebenfalls darauflegen. Tarte im heißen Ofen (2. Schiene von unten, Umluft 180°) in ca. 25 Min. goldgelb backen.

Lauch-Tarte
mit Schinken

deftig belegt

Zubereitung: ca. 30 Min. | Ruhen: 30 Min. | Backen: ca. 30 Min. | Bei 6 Stücken pro Stück: ca. 475 kcal

Für 1 Springform (Ø 28 cm)

Für den Teig:

200 g Weizenmehl
  + Mehl für die Arbeitsfläche
1 TL Salz
100 g kalte Butter

Für den Belag:

500 g Lauch
100 g gekochter Schinken
  oder gewürfelter durch-
  wachsener Speck
50 g Gruyère
2 EL Olivenöl
3 EL trockener Weißwein
Salz | Pfeffer
frisch geriebene Muskatnuss
2 Eier (Größe M)
200 g Sahne

Clever variieren

Sie können dieses Rezept auch
auf **kleine Förmchen aufteilen** und
backen (siehe Foto). Beachten Sie
dann aber, dass sich die **Backzeit
verkürzt.** Behalten Sie die Mini-
Tartes während des Backens im
Auge, und machen Sie **frühzeitig
eine Garprobe.**

1 Für den Teig Mehl und Salz in eine Schüssel geben und die
Butter in Flöckchen darübergeben. Die Zutaten mit den
Händen durcharbeiten, dabei nach und nach ca. 100 ml
kaltes Wasser unterarbeiten und alles schnell zu einem glatten Teig verkneten. Den Teig zugedeckt 30 Min. kalt stellen.

2 Inzwischen für den Belag den Lauch putzen und in feine
Ringe schneiden. Diese waschen und in einem Sieb gut ab-
tropfen lassen. Den Schinken in kleine Würfel schneiden.
Den Gruyère fein reiben.

3 Die Springform mit Backpapier auslegen. Den Teig auf
wenig Mehl dünn ausrollen und die Springform damit
auslegen, dabei einen 2 cm hohen Rand bilden. Den Teigboden mit einer Gabel mehrmals einstechen. Den Ofen
auf 250° vorheizen.

4 Das Öl in einer beschichteten Pfanne erhitzen und den
Lauch darin ca. 4 Min. anbraten. Mit dem Weißwein ablöschen und dünsten, bis die Flüssigkeit verdampft ist.
Die Schinkenwürfel unterrühren und alles mit Salz, Pfeffer
und Muskat abschmecken. Die Lauchmasse auf dem Teigboden verteilen.

5 Die Eier mit der Sahne verquirlen und über den Belag
gießen. Den Käse darüberstreuen. Die Tarte im heißen
Backofen (2. Schiene von unten, Umluft 230°) ca. 30 Min.
backen. Wenn die Oberfläche droht, zu dunkel zu werden,
die Tarte mit einem Bogen Backpapier abdecken.

Karibische
Garnelen-Tarte

schnell und einfach | *Zubereitung: ca. 35 Min.* | *Backen: ca. 35 Min.* | *Bei 4 Stücken pro Stück: ca. 330 kcal*

Für 1 Tarteform (Ø 30 cm)

50 g weiche Butter
  + Butter für die Form
120 g Strudel-, Brik-
  oder Filoteig
1 Bio-Limette
250 g gegarte geschälte
  TK-Garnelen, aufgetaut
2 Schalotten
2 Knoblauchzehen
2 Eier (Größe M)
1 Eigelb (von 1 Ei Größe M)
150 ml ungesüßte Kokosmilch
  (aus der Dose)
1 Döschen Safranpulver (0,1 g)
Salz | Pfeffer
1 kleine reife Papaya
1 frische rote Chilischote

1 Die Tarteform mit Backpapier auslegen, dieses mit etwas Butter fetten. Die Form mit den Teigblättern auslegen, dabei jedes mit Butter einstreichen. Die Blätter etwas über den Rand hängen lassen.

2 Limette heiß waschen und abtrocknen, die Schale abreiben und den Saft auspressen. Den Backofen auf 190° vorheizen.

3 Die Garnelen kalt abspülen und abtropfen lassen. Die Schalotten und den Knoblauch schälen, in kleine Würfel schneiden und in eine Schüssel geben. Die Garnelen längs halbieren und dazugeben. Eier, Eigelb und die Kokosmilch verquirlen, zu den Garnelen geben und alles vermischen. Mit der Limettenschale, ca. 2 EL Limettensaft, Safran, Salz und Pfeffer würzen. Auf den Teig gießen. Die Butter in Flöckchen darauf verteilen. Die Tarte im heißen Backofen (unten, Umluft 170°) ca. 35 Min. backen.

4 Inzwischen die Papaya halbieren und die Kerne entfernen. Das Fruchtfleisch mit einem Löffel aus den Schalen lösen und klein würfeln. Die Chilischote waschen, putzen, längs aufschlitzen und die Kerne entfernen. Die Chili ebenfalls in kleine Würfel schneiden.

5 Die Tarte aus dem Ofen nehmen, mit den Papaya- und Chiliwürfeln bestreuen und warm servieren.

Clever zubereiten

Zum Aufschlitzen und Würfeln der Chilischote tragen Sie am besten feine **Haushaltshandschuhe.** Denn wenn Sie sie mit bloßen Händen anfassen und später mit den Händen an die Augen kommen, brennt das höllisch!

Fladen und Pies

Die einen zeigen ganz offen, was sie drauf haben, die anderen verbergen ihr Talent vornehm unter knuspriger Teigdecke. Gegensätze ziehen sich bekanntlich an – darum finden Sie in diesem Kapitel beides: saftig belegte Fladen und raffiniert gefüllte Pies.

Für 1 großes Backblech (45 x 35 cm)

Für den Teig:

300 g Weizenmehl (Type 550)
   + Mehl für die Arbeitsfläche
1/2 TL Kräutersalz
1 TL Honig
1/2 TL Kümmelkörner
1/4 Würfel Hefe (10 g)

Für den Belag:

1 kleiner Zweig frischer
   Thymian
1 kleiner Zweig frischer
   Rosmarin
4 EL Olivenöl
1/2 TL Kümmelkörner
300 g Bergkäse

Käsefladen mit Kümmel

feine Beilage zu Gegrilltem
Zubereitung: ca. 30 Min. | Ruhen: 80 Min. | Backen: ca. 20 Min.
Bei 12 Stücken pro Stück: ca. 215 kcal

1 Für den Teig Mehl, Salz, Honig und Kümmel in eine Schüssel geben. Die Hefe zerkrümelt zugeben. Ca. 175 ml lauwarmes Wasser zufügen und alles zum Teig verkneten. Diesen zugedeckt an einem warmen Ort ca. 60 Min. gehen lassen.

2 Das Blech mit Backpapier auslegen. Den Teig auf wenig Mehl dünn ausrollen, auf das Blech legen (alternativ den Teig zu runden oder ovalen Fladen ausrollen). Zugedeckt weitere 20 Min. gehen lassen. Den Ofen auf 220° vorheizen.

3 Die Kräuter waschen und trocken schütteln, die Blättchen bzw. Nadeln abzupfen, die Rosmarinnadeln klein schneiden. Den Teig mit dem Öl bestreichen und mit den Kräutern und den Kümmelkörnern bestreuen. Den Käse reiben und darübergeben, den Fladen im heißen Ofen (Mitte, Umluft 200°) ca. 20 Min. backen. Warm servieren.

Ziegenkäsefladen
mit Knoblauchsirup

Mix aus Toskana und Provence
Zubereitung: ca. 20 Min. | Ruhen: 80 Min. | Backen: ca. 15 Min. | Bei 4 Stücken pro Stück: ca. 685 kcal

Für 1 Fladen (Ø ca. 30 cm)

1 Rezept Hefeteig (s. Seite 10)

Für den Sirup:

4 junge Knoblauchzehen
3 EL Honig
400 ml heller Traubensaft
Salz | Pfeffer

Für den Belag:

50 g Pinienkerne
1 kleiner Zweig
   frischer Rosmarin
320 g Ziegenfrischkäse
   (z. B. Picandou)
2 große Amaretti (weiche
   Mandelmakronen)
1/2 TL Lavendelblüten
2 EL Olivenöl
Salz | Pfeffer

Außerdem:

Mehl für die Arbeitsfläche

1 Den Hefeteig wie auf Seite 10 beschrieben zubereiten und gehen lassen. Inzwischen für den Sirup den Knoblauch schälen und klein würfeln. Den Honig in einem Topf erhitzen, den Knoblauch darin ca. 2 Min. kochen. Mit dem Traubensaft ablöschen und die Flüssigkeit auf die Hälfte einkochen lassen.

2 Den Knoblauchsirup mit etwas Salz und Pfeffer würzen. Den Topf vom Herd nehmen und den Sirup abkühlen lassen. Für den Belag die Pinienkerne in einer beschichteten Pfanne ohne Fett goldbraun rösten.

3 Das Backblech mit Backpapier auslegen. Den Teig auf wenig Mehl zu einem Kreis von ca. 30 cm Ø ausrollen. Den Fladen auf das Blech legen. Den Backofen auf 220° vorheizen.

4 Den Rosmarin waschen und trocken schütteln, die Nadeln abzupfen. Den Ziegenkäse in Scheiben schneiden und auf den Teig legen bzw. auf den Teig streichen. Die Amaretti daraufkrümeln. Pinienkerne, Rosmarin und Lavendelblüten darüberstreuen. Mit dem Olivenöl beträufeln, mit Salz und Pfeffer würzen.

5 Den Fladen im heißen Backofen (Mitte, Umluft 200°) ca. 15 Min. backen. Mit dem Knoblauchsirup servieren.

Clever einkaufen

Getrocknete **Lavendelblüten** bekommen Sie in der Apotheke. Wenn Sie **Lavendelblütenhonig** für den Sirup nehmen, können Sie die getrockneten Blüten auch weglassen. Oder Sie aromatisieren das Olivenöl zum Beträufeln mit 1 Tropfen biologischem ätherischem Lavendelöl.

Mini-Pizzen
mit Salami und Schinken

schmeckt Kindern | *Zubereitung: ca. 30 Min.* | *Backen: ca. 25 Min.* | *Pro Stück: ca. 145 kcal*

Für 12 Stück

Für den Teig:

95 g Magerquark
1 Eigelb (von 1 Ei Größe M)
4 EL Olivenöl + Olivenöl
  zum Bestreichen
190 g Weizenmehl
  + Mehl für die Arbeitsfläche
1/2 Päckchen Backpulver
1/2 TL Salz

Für den Belag:

2 Tomaten
1 kleine grüne Paprikaschote
1 große Zwiebel
70 g Champignons
50 g Salami
50 g gekochter Schinken
100 g Mozzarella
getrockneter Oregano
  (oder Pizza-Kräutermischung)
Pfeffer

1 Für den Teig den Quark mit dem Eigelb und dem Öl verrühren. Mehl, Backpulver und Salz vermischen. Die Hälfte unter die Quarkmasse rühren, die restliche Mehlmischung nach und nach unterkneten.

2 Das Blech mit Backpapier auslegen. Den Teig auf wenig Mehl ca. 1/2 cm dick ausrollen und 12 Kreise von 10 cm Ø daraus ausstechen. Die Teigkreise auf das Blech legen und mit dem Olivenöl bestreichen.

3 Für den Belag die Tomaten waschen und in dünne Scheiben schneiden, dabei die Stielansätze entfernen. Die Paprika waschen, putzen, entkernen und klein würfeln. Die Zwiebel schälen und in feine Ringe schneiden. Champignons mit feuchtem Küchenpapier abreiben und in Scheiben schneiden. Salami und Schinken in Streifen schneiden.

4 Den Backofen auf 200° vorheizen. Die Teigböden nach Geschmack mit den vorbereiteten Zutaten belegen, dabei jeweils einen 1 cm breiten Rand frei lassen. Den Mozzarella in Scheiben schneiden und die Pizzen damit belegen. Mit Oregano und schwarzem Pfeffer bestreuen. Die Pizzen im heißen Ofen (Mitte, Umluft 180°) ca. 25 Min. backen, bis der Käse geschmolzen ist.

Clever tauschen

Statt mit Salami und Schinken können Sie die Pizzen auch einmal mit naturell eingelegtem **Thunfisch** (aus der Dose) und **Artischockenherzen** (aus der Dose) belegen.

Salatfladen
mit Gorgonzola

pikant-knusprige Vorspeise
Zubereitung: ca. 35 Min. | Ruhen: 50 Min. | Backen: ca. 20 Min. | Bei 6 Stücken pro Stück: ca. 320 kcal

Für 1 Springform (Ø 26 cm)

Für den Teig:

125 g Weizenmehl
  + Mehl für die Arbeitsfläche
100 g Dinkelvollkornmehl
1/2 TL Trockenhefe
Zucker | Salz

Für den Belag:

200 g gemischte bittere Salate
  (z. B. Rucola, Radicchio
  und Endivie)
2 Knoblauchzehen
2 EL Olivenöl
Salz | Pfeffer
150 g Gorgonzola
4 EL frisch geriebener Parmesan
2 EL Pinienkerne

Außerdem:

Öl für die Form

1 Für den Hefeteig beide Mehlsorten in einer Schüssel mit der Hefe und je 1 Prise Zucker und Salz vermischen. Ca. 150 ml lauwarmes Wasser dazugießen und alles zu einem weichen Teig verkneten. Zugedeckt an einem warmen Ort ca. 40 Min. gehen lassen, bis sich das Teigvolumen verdoppelt hat.

2 Die Salatblätter waschen, trocken schleudern und – bis auf den Rucola – in feine Streifen schneiden (**Bild 1**). Den Knoblauch schälen und klein würfeln. Das Olivenöl in einer Pfanne erhitzen und Salat und Knoblauch darin braten, bis der Salat zusammenfällt (**Bild 2**). Mit Salz und Pfeffer würzen.

3 Die Springform mit Öl fetten. Den Teig auf wenig Mehl zu einem Kreis von ca. 26 cm Ø ausrollen. Teig in die Form legen und zugedeckt nochmals ca. 10 Min. gehen lassen. Den Backofen auf 220° vorheizen.

4 Die Knoblauch-Salat-Mischung auf dem Teig verteilen. Den Gorgonzola zerbröckeln oder in Stückchen schneiden und auf die Fladen geben (**Bild 3**). Parmesan und Pinienkerne ebenfalls daraufstreuen. Den Fladen im heißen Ofen (Mitte, Umluft 200°) in 15–20 Min. goldbraun backen.

Clever verfeinern

Zu den bitteren Salaten passt als Kontrast sehr gut ein Hauch Süße: Beträufeln Sie die Fladen vor dem Servieren mit **1 EL flüssigem Honig.**

Tortilla-Törtchen
mit Tomaten-Salsa

für den Tex-Mex-Abend | *Zubereitung: ca. 20 Min.* | *Backen: ca. 8 Min.* | *Pro Stück: ca. 675 kcal*

Für 4 Tortillas

Für die Salsa:

2 große Tomaten
1 kleine Schalotte
1 kleine Knoblauchzehe
1 kleiner Zweig Koriandergrün
1 frische rote Chilischote
4 EL neutrales Pflanzenöl
2 EL Limettensaft
1 geh. TL brauner Zucker
Salz | Tabasco

Für die Tortilla-Törtchen

1 Dose Kidneybohnen
  (240 g Abtropfgewicht)
50 g Gouda
4 Soft-Weizentortillas
  (Fertigprodukt)
1 reife Avocado
4 EL saure Sahne
4 Eier (Größe M)
Salz | Pfeffer

1 Für die Salsa die Tomaten waschen. Die Stielansätze entfernen, die Tomaten klein würfeln und in eine Schüssel geben. Die Schalotte und den Knoblauch schälen, ebenfalls in kleine Würfel schneiden und dazugeben.

2 Das Koriandergrün waschen und trocken schütteln, die Blättchen klein schneiden. Die Chilischote waschen, putzen, längs aufschlitzen, entkernen und klein schneiden.

3 Koriandergrün und Chili mit dem Öl, dem Limettensaft und dem Zucker in die Schüssel geben. Alles vermischen, mit Salz und Tabasco würzen.

4 Für die Tortilla-Törtchen die Kidneybohnen abtropfen lassen. Den Gouda reiben. Den Backofen auf 220° (Umluft 200°) vorheizen. Das Backblech mit Backpapier auslegen. Die Tortillas darauflegen. Die Kidneybohnen leicht zerdrücken und auf den Tortillas verteilen, dabei jeweils in der Mitte einen kleinen Kreis für das Ei freilassen.

5 Die Avocado längs halbieren und entsteinen, das Fruchtfleisch aus der Schale kratzen und in kleine Würfel schneiden. Diese zusammen mit der Sahne auf den Kidneybohnen verteilen. Die Eier aufschlagen und jeweils in die Mitte der Tortillas geben. Mit Salz und Pfeffer würzen und etwas Salsa über die Tortillas geben. Die Tortillas mit dem geriebenen Käse bestreuen.

6 Die Tortilla-Törtchen im heißen Ofen (Mitte) ca. 8 Min. backen. Mit der restlichen Tomaten-Salsa servieren.

Herbst-Pie

saftig | Zubereitung: ca. 70 Min. | Ruhen: 30 Min. | Backen: ca. 50 Min. | Bei 8 Stücken pro Stück: ca. 600 kcal

Für 1 runde Backform
(Ø 26 cm)

Für den Teig:

300 g Weizenmehl
  + Mehl für die Arbeitsfläche
Salz | 1 TL Zitronenpfeffer
150 g kalte Butter in Würfeln
  + Butter für die Form
4–5 EL Cidre oder Apfelwein

Für die Füllung:

100 g getrocknete Pflaumen
  ohne Stein
4 EL Cidre- oder Apfelessig
400 g Hähnchenbrustfilets
3 Zwiebeln
100 g Knollensellerie
4 Knoblauchzehen
2 Äpfel
50 g Walnusskerne
200 g geräucherter Schinken
5 EL Olivenöl
abgeriebene Schale
  von 1/2 Bio-Orange
200 ml Cidre oder Apfelwein
frisch geriebene Muskatnuss
Kräutersalz

Außerdem:

1 Eigelb zum Bestreichen

1 Mehl, 1 Prise Salz, Zitronenpfeffer und Butterwürfel in einer Schüssel verkneten. Den Cidre nach und nach unterkneten, bis sich der Teig vom Schüsselrand löst. Zu einem glatten Teig verkneten. Zugedeckt 30 Min. kalt stellen.

2 Pflaumen klein würfeln und bis zur Verwendung im Essig einweichen. Hähnchenfilets kalt abspülen, trocken tupfen und ca. 3 cm groß würfeln. Zwiebeln, Sellerie und Knoblauch schälen und jeweils getrennt klein würfeln. Die Äpfel schälen und ohne Kerngehäuse in dünne Spalten schneiden. Walnüsse grob hacken. Schinken in feine Streifen schneiden.

3 Hähnchenfleisch im Öl goldbraun anbraten. Herausnehmen, beiseitestellen. Zwiebeln im Bratöl glasig braten. Sellerie, Äpfel und Schinken dazugeben, 4 Min. mitbraten. Pflaumen, Essig, Knoblauch, Walnüsse und Orangenschale dazugeben und kurz mitgaren. Mit Cidre ablöschen und 10 Min. leise kochen lassen, immer wieder umrühren. Mit 1 Prise Muskat und Kräutersalz würzen. Vom Herd nehmen und abkühlen lassen. Hähnchenwürfel wieder dazugeben.

4 Ofen auf 180° vorheizen. Die Form fetten. Ein Drittel des Teigs abtrennen. Die Teigstücke jeweils zu einer Kugel formen. Die größere auf wenig Mehl auf ca. 32 cm Ø ausrollen. Die Form so damit auslegen, dass die Ränder überlappen. Die Füllung hineingeben. Teigrand nach innen schlagen.

5 Die kleinere Teigkugel auf wenig Mehl auf ca. 27 cm Ø ausrollen und in die Form legen. Übrigen Teig am Rand abschneiden. Daraus Verzierungen ausstechen (**Bild 1**). Den Teigdeckel mit Eigelb bestreichen und mit den Verzierungen belegen. In die Mitte ein Loch schneiden (**Bild 2**) und einen »Kamin« aus Alufolie hineinstecken (**Bild 3**), so kann der Dampf entweichen. Die Pie im heißen Ofen (Mitte, Umluft 160°) in ca. 50 Min. goldbraun backen. Warm servieren.

Couscous-Pastilla

passt toll zu Hähnchenfleisch

Zubereitung: ca. 30 Min. | Marinieren: über Nacht | Backen: ca. 30 Min. | Bei 6 Stücken pro Stück: ca., 340 kcal

Für 1 Springform (Ø 26 cm)

Für die Füllung:

3 Beutel Pfefferminztee
2 EL Rosinen
1 große Fleischtomate
2 Schalotten
2 Bund glatte Petersilie
4 EL Mandelstifte
120 ml Hühnerbrühe (Instant)
1 kleine getrocknete Chilischote
1 Lorbeerblatt
1 Msp. gemahlener Piment
1 Msp. gemahlene
  Muskatblüte (Macis)
100 g Instant-Couscous
abgeriebene Schale und etwas
  Saft von 1/2 Bio-Orange
Salz | Pfeffer

Außerdem:

100 g Butter
6 Blätter Brikteig bzw. Filoteig
  (aus dem türkischen Lebens-
  mittelladen)
1 Granatapfel
einige frische Minzeblätter
Puderzucker und Zimt
  zum Bestäuben
Puderzuckersieb

1 Am Vorabend die Teebeutel mit 100 ml kochendem Wasser aufgießen und ca. 15 Min. ziehen lassen. Die Teebeutel entfernen und die Rosinen in dem Tee einweichen. Die Rosinen über Nacht kalt stellen.

2 Am nächsten Tag die Rosinen abtropfen lassen. Die Tomate waschen, den Stielansatz entfernen. Die Tomate klein würfeln. Die Schalotten schälen und ebenfalls klein würfeln. Die Petersilie waschen und trocken schütteln, die Blättchen klein schneiden. Die Mandelstifte in einer beschichteten Pfanne ohne Fett goldgelb rösten.

3 Die Brühe mit Chilischote, Lorbeerblatt, Piment und Macis einmal aufkochen. Den Topf vom Herd nehmen, den Couscous in die Brühe geben und darin zugedeckt ca. 10 Min. quellen lassen. Rosinen, Tomaten, Schalotten, Petersilie, 2 EL Mandelstifte und die Orangenschale untermischen. So viel Orangensaft dazugeben, dass sich die Masse mit zwei Gabeln lockern lässt. Mit Salz und Pfeffer würzen.

4 Den Backofen auf 180° vorheizen. Die Butter zerlassen. Den Boden der Springform mit Backpapier und dann mit 3 Teigblättern so auslegen, dass sie über den Rand ragen. Mit etwas flüssiger Butter bestreichen. Couscous-Mischung einfüllen. Restliche Teigblätter darüberlegen, mit Butter bestreichen. Überstehenden Teigrand umschlagen und alles nochmals mit Butter bepinseln. Die Pastilla im heißen Ofen (Mitte, Umluft 160°) in ca. 30 Min. goldgelb backen.

5 Inzwischen den Granatapfel halbieren und die Kerne mit einem Löffel auslösen (Vorsicht, spritzt!). Die fertige Pastilla mit Granatapfelkernen, Minzeblättchen und den restlichen Mandelstiften bestreuen und mit wenig Puderzucker und Zimt bestäuben. Sofort servieren.

Zitronen-Speck-Fladen mit Basilikum

erfrischend

Zubereitung: ca. 40 Min. | Ruhen: 80 Min. | Backen: ca. 25 Min. | Bei 4 Stücken pro Stück: ca. 595 kcal

Für 1 Springform (Ø 30 cm)

1 Rezept Hefeteig (s. Seite 10)

Für den Belag:

1 Knoblauchzehe
1 kleine frische grüne
  Chilischote
1 Bio-Zitrone
200 g Crème fraîche
Salz | Pfeffer
1/2 Bund Basilikum
100 g luftgetrockneter Speck

Außerdem:

Mehl für die Arbeitsfläche
1 EL Olivenöl für die Form

1 Den Hefeteig wie auf Seite 10 beschrieben zubereiten und gehen lassen. Dann auf wenig Mehl zu einem Kreis von ca. 32 cm Ø ausrollen. Die Springform mit 1 EL Olivenöl auspinseln und den Teig hineinlegen. Bei Zimmertemperatur gehen lassen, bis die übrigen Zutaten vorbereitet sind. Den Backofen auf 200° vorheizen.

2 Den Knoblauch schälen und in kleine Würfel schneiden. Die Chili waschen, putzen, längs aufschlitzen, entkernen und klein schneiden. Die Zitrone heiß waschen und abtrocknen, die Schale abreiben.

3 Die Crème fraîche mit dem Knoblauch, der Chili und der Zitronenschale verrühren. Mit wenig Salz und Pfeffer würzen. Die Creme auf den Teig streichen. Basilikum waschen und trocken schütteln, die Blätter abzupfen und auf der Creme verteilen.

4 Von der Bio-Zitrone die Schale bis ins Fruchtfleisch hinein mit einem scharfen Messer abschneiden, das Fruchtfleisch quer in dünne Scheiben schneiden. Den Speck ebenfalls in feine Scheiben schneiden. Mit den Zitronenscheiben auf dem Fladen verteilen.

5 Den Fladen im heißen Backofen (unten, Umluft 180°) ca. 25 Minuten backen. Mit grob gemahlenem Pfeffer bestreuen und sofort servieren.

Clever variieren

Sehr fein ist auch eine **Thai-Variante dieses Rezepts:** Die Zitrone durch Limette und das Basilikum durch Thai-Basilikum mit zusätzlich 2 EL gehacktem Koriandergrün ersetzen.

Libanesische
Lammfladen

exotisch-fein

Zubereitung: ca. 30 Min. | Ruhen: 3 Std. | Backen: ca. 12 Min. | Bei 10 Fladen pro Fladen: ca. 140 kcal

Für 10–12 Fladen

Für den Teig:

250 g Weizenmehl
  + Mehl für die Arbeitsfläche
1 TL Zucker | Salz
1 TL Trockenhefe
3 EL Olivenöl

Für den Belag:

2 reife Tomaten | 1 Zwiebel
2 Zweige glatte Petersilie
200 g Lammhackfleisch
je 1/2 TL Zimtpulver und
  7-Gewürze-Mischung (s. Tipp)
Cayennepfeffer
Salz | Pfeffer

Außerdem:

Zitronenscheiben und
  Petersilienblättchen
  zum Garnieren

Clever einkaufen

Die **7-Gewürze-Mischung** ist ein sehr aromatischer Mix aus schwarzem Pfeffer, Zimt, Muskat, Koriander, Nelke, Ingwer und Piment. Sie bekommen sie im türkischen Lebensmittelgeschäft.

1 Für den Teig das Mehl in eine Schüssel sieben, Zucker und Salz dazugeben. Die Trockenhefe in etwas warmem Wasser auflösen und zum Mehl geben. 150–200 ml lauwarmes Wasser hinzufügen und alles durchkneten. Das Olivenöl unterkneten. So lange weiterkneten, bis der Teig schön glatt ist und nicht mehr klebt. Zugedeckt an einem warmen Ort 3 Std. gehen lassen.

2 Inzwischen für den Belag die Tomaten waschen und die Stielansätze entfernen. Das Fruchtfleisch klein würfeln. Die Zwiebel schälen und ebenfalls in kleine Würfel schneiden. Die Petersilie waschen und trocken schütteln, die Blättchen klein schneiden.

3 Tomaten, Zwiebeln und Petersilie mit dem Lammfleisch fein durchhacken oder in der Küchenmaschine mit dem Schneidemesser durchmixen. Mit Zimt, Gewürzmischung, etwas Cayennepfeffer, Salz und Pfeffer abschmecken.

4 Den Ofen auf 180° (Umluft 160°) vorheizen. Das Blech mit Backpapier auslegen. Teig in 10–12 Portionen teilen und jede auf wenig Mehl dünn oval ausrollen. Die Teigstücke auf das Blech legen, die Fleischmasse darauf verteilen, dabei jeweils einen Rand frei lassen und diesen etwas einrollen.

5 Die Fladen im heißen Ofen (Mitte) ca. 12 Minuten backen, bis sie leicht gebräunt und knusprig sind. Warm mit geviertelten Zitronenscheiben und Petersilienblättchen servieren.

Gemüse-Fisch-Pie à l'indienne

wunderbar würzig | *Zubereitung: ca. 60 Min.* | *Backen: ca. 40 Min.* | *Bei 8 Stücken pro Stück: ca. 445 kcal*

Für 1 Pie-Form (Ø 30 cm)

450 g Blätterteig
(aus dem Kühlregal; oder
aufgetauter TK-Blätterteig)

Für die Füllung:

200 g Blumenkohlröschen
150 g Möhren
200 g Kartoffeln
100 g Champignons
1 Zwiebel
2 Knoblauchzehen
1 Stück frischer Ingwer
(ca. 2 cm)
200 ml Gemüsebrühe (Instant)
30 g Butterschmalz
100 g TK-Erbsen
100 g Naturjoghurt
50 g Sahne
1 EL Garam Masala
(indische Gewürzmischung)
1 EL Currypulver
1 TL gemahlene Kurkuma
1 TL gemahlener Kreuzkümmel
Salz
400 g Seelachs- oder
Kabeljaufilet

Außerdem:

Butter für die Form
Mehl für die Arbeitsfläche
1 Eigelb | 1 EL Milch

1 Die Pie-Form fetten. Den Blätterteig auf wenig Mehl zu zwei Kreisen von ca. 32 cm Ø ausrollen. Einen Kreis in die Form legen, den zweiten auf einen Bogen Backpapier geben.

2 Den Blumenkohl waschen und abtropfen lassen. Die Möhren schälen, putzen und in kleine Würfel schneiden. Die Kartoffeln ebenfalls schälen und klein würfeln. Die Pilze mit feuchtem Küchenpapier abreiben und vierteln. Zwiebel und Knoblauch schälen und klein würfeln. Ingwer mit dem Sparschäler schälen und fein reiben.

3 Den Blumenkohl in der Brühe ca. 5 Min. garen und mit einem Schaumlöffel herausnehmen. Butterschmalz in einer Pfanne erhitzen. Zwiebeln, Knoblauch und Ingwer darin glasig braten. Möhren und Kartoffeln dazugeben und ca. 9 Min. mitbraten. Pilze, die unaufgetauten Erbsen und den Blumenkohl kurz mitdünsten. Eventuell vorhandene Flüssigkeit verdampfen lassen.

4 Den Backofen auf 200° vorheizen. Joghurt, Sahne und die Gewürze verrühren, salzen. Den Fisch trocken tupfen und in kleine Stücke schneiden.

5 Die Gemüsemischung auf dem Teigboden verteilen und darauf die Fischstücke legen. Gewürz-Joghurt darübergeben. Die zweite Teigplatte auf das Gemüse legen, an den Rändern etwas andrücken. In der Mitte einen kleinen Kreis ausstechen und ein zusammengerolltes Stück Alufolie als Kamin hineinstecken, damit der Dampf entweichen kann.

6 Eigelb und Milch verquirlen und die Pie damit bestreichen. Im heißen Backofen (unten, Umluft 180°) in ca. 30 Min. goldgelb backen. Die Temperatur auf 200° Unterhitze einstellen und die Pie noch weitere 10 Min. garen, damit der Boden schön knusprig wird.

Unsere Garantie

Alle Informationen in diesem Ratgeber sind sorgfältig und gewissenhaft geprüft. Sollte dennoch einmal ein Fehler enthalten sein, schicken Sie uns das Buch mit dem entsprechenden Hinweis an unseren Leserservice zurück. Wir tauschen Ihnen den GU-Ratgeber gegen einen anderen zum gleichen oder einem ähnlichen Thema um.

Liebe Leserin und lieber Leser,

wir freuen uns, dass Sie sich für ein GU-Buch entschieden haben. Mit Ihrem Kauf setzen Sie auf die Qualität, Kompetenz und Aktualität unserer Ratgeber. Dafür sagen wir Danke! Wir wollen als führender Ratgeberverlag noch besser werden. Daher ist uns Ihre Meinung wichtig. Bitte senden Sie uns Ihre Anregungen, Ihre Kritik oder Ihr Lob zu unseren Büchern. Haben Sie Fragen oder benötigen Sie weiteren Rat zum Thema? Wir freuen uns auf Ihre Nachricht!

GRÄFE UND UNZER VERLAG
Leserservice
Postfach 86 03 13
81630 München

Wir sind für Sie da!
Montag–Donnerstag: 8.00 – 18.00 Uhr
Freitag: 8.00 – 16.00 Uhr
Tel.: 0180 - 500 50 54*
Fax: 0180 - 501 20 54*
E-Mail: leserservice@graefe-und-unzer.de

*(0,14 €/Min. aus dem deutschen Festnetz, Mobilfunkpreise können abweichen)

Ein Unternehmen der
GANSKE VERLAGSGRUPPE

P.S.: Wollen Sie noch mehr Aktuelles von GU wissen, dann abonnieren Sie doch unseren kostenlosen GU-Online-Newsletter und/oder unsere kostenlosen Kundenmagazine.

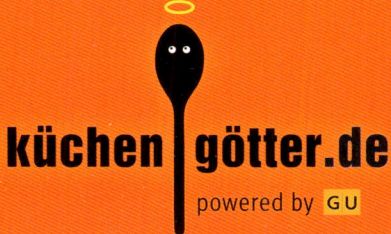

Die Autorin

Christina Richon ist autodidaktische Köchin und Bäckerin mit Leib und Seele. Bereits mit 12 Jahren begann sie, Rezepte zu entwerfen. 2002 kam dann das »Coming-out« als beste Hobbybäckerin Deutschlands bei »Kaffee oder Tee« (SWR). 2005 wurde sie im Rahmen des ZEIT-Wettbewerbs (Wolfram Siebeck) zur besten Hobbyköchin Deutschlands gekürt und erklomm gleichzeitig den »Koch-Olymp« der ARD. Außerdem schreibt sie für Zeitschriften (Rezepte mit Pfiff, DER FEINSCHMECKER), erteilt in kleinem Rahmen Kochkurse für Kinder und Erwachsene und ist Mitglied bei der Schweizer »Association des Gourmettes«, der »weiblichen« Vereinigung für Ess- und Tafelkultur.

Der Fotograf

Essen ist Leidenschaft. Essen zu fotografieren ist Kunst. Die foodartfactory macht mit Leidenschaft aus Essen Kunst. Der Fotograf **Klaus-Maria Einwanger** hat seine Passion vor Jahren in der Foodfotografie gefunden. Er setzt Foodthemen in Lifestyle um und schafft eine Atmosphäre, die Lust auf mehr macht. Die Bilder der foodartfactory für Verlage, Redaktionen und internationale Kunden entstehen im eigenen Studio oder an Locations weltweit. Bei der Arbeit an diesem Buch haben den Fotografen tatkräftig unterstützt: **Monika Schuster** (Foodstyling), **Alexandra Holzer** (Styling) und **Anka Köhler** (Foodassistenz).

© 2008 GRÄFE UND UNZER VERLAG GmbH, München

Programmleitung: Doris Birk

Leitende Redakteurin: Stephanie Wenzel

Projektleitung und Redaktion: Alessandra Redies

Lektorat: Claudia Lenz

Korrektorat: Waltraud Schmidt

Innenlayout, Typographie und Umschlaggestaltung: independent Medien-Design, München

Satz: Knipping Werbung GmbH, Berg/Starnberg

Herstellung: Gloria Pall

Reproduktion: Penta Repro, München

Druck und Bindung: Printer, Trento

ISBN 978-3-8338-0915-6
1. Auflage 2008

GRÄFE UND UNZER

Ein Unternehmen der
GANSKE VERLAGSGRUPPE